Christian Casutt

Nächster Halt: Abgrund

Christian Casutt

Nächster Halt: Abgrund

Wie der Kapitalismus unsere
Lebensgrundlagen zerstört, unsere
Demokratie bedroht und unsere Moral
unterminiert – und wie wir ihn aufhalten
können

Bibliografische Information der Deutschen Nationalbibliothek:
Die Deutsche Nationalbibliothek verzeichnet diese Publikation in
der Deutschen Nationalbibliografie; detaillierte bibliografische
Daten sind im Internet über http://dnb.dnb.de abrufbar.

Verlag: BoD · Books on Demand GmbH, In de Tarpen 42,
22848 Norderstedt, bod@bod.de
Druck: Libri Plureos GmbH, Friedensallee 273,
22763 Hamburg

ISBN: 978-3-7693-5849-0

Den Kleinschürfern in der Demokratischen Republik
Kongo gewidmet

Inhalt

0 Einstieg

*Denn die einen sind im Dunkeln – und die
andern sind im Licht.*

*Und man sieht nur die im Lichte – die im
Dunkeln sieht man nicht.*

Bertold Brecht, Dreigroschenoper

Den modernen Kapitalismus unserer Zeit kennzeich-
nen die gleichen Merkmale wie seit seinem Aufkommen im Zuge der industriellen Revolution:
Privateigentum an Produktionsmitteln, Profitorien-
tierung, Wettbewerb auf Märkten und vor allem das
Mantra: »mit Wachstum zum Wohlstand«. Und dennoch erleben wir heute, nach der umfassenden
Deregulierung der Finanzmärkte im letzten Viertel
des vergangenen Jahrhunderts, einen neuen, entfes-
selten Finanzkapitalismus, einen Kapitalismus 2.0, der
seine Gier und Zerstörungskraft deutlich erweitert
hat. Trotz zahlreicher Krisen, die der Kapitalismus
selbst verursacht und ihn oft an den Rand seiner Existenz treiben (Klimakrise, Finanz- und Schuldenkrise,
Pandemie), erweist er sich immer wieder als überaus

resilient und setzt seinen destruktiven Kurs unbehindert fort: *Er zerstört unsere Lebensgrundlagen, er bedroht unsere Demokratie und unterminiert unsere Moral.* Wenn wir ihn nicht rechtzeitig stoppen, dann gilt: *nächster Halt: Abgrund.*

Ich bin, Jahrgang 1956, im Wohlstand der Nachkriegsjahre aufgewachsen. In einem Elternhaus, das man nicht als wohlhabend, aber als gut mittelschichtig bezeichnen kann. Die Wirtschaftswunderzeit der 1960er- und ersten Hälfte der 1970-er Jahre waren wie bei vielen so auch bei uns eine Zeit des steigenden Konsums. Und auch die Jahre danach waren für unsere Familie gute Zeiten, materiell und auch sonst.

Wenn ich heute dieses Buch gegen den Kapitalismus, in dem ich groß geworden bin, schreibe, dann hat das sicher auch mit meiner Sozialisation in den frühen 1970er-Jahren zu tun, nach Studentenrevolte, nach dem (viel zu zarten, vor allem späten) Beginn der Auseinandersetzung mit dem Nationalsozialismus, in der Zeit von Willy Brandt (»Mehr Demokratie wagen«) und vielen anderen Erscheinungen, die alle grosso modo als politisch links zu verorten waren. Mit dem heutigen Wissen und der damaligen Einstellung würde ich jetzt bestimmt zum Umsturz, zur Revolution aufrufen. Das möchte ich heute nicht mehr. Aber eines treibt mich über die vielen Jahre seit 1972 um – wenn ich dieses Jahr einmal als repräsentativen Fixpunkt meiner damaligen prägenden Zeit ansetze –, und das ist die Ungerechtigkeit in Deutschland und der Welt, die sich heute in nichts so sehr deutlich macht wie in der immer weiter zunehmenden Ungleichheit zwischen Arm und Reich, in der stetig auseinandergehenden Schere zwischen denen, die im Wohlstand leben (»die im Licht«) und denen die in Armut, in Unfreiheit oder in anderen prekären Zuständen verweilen müssen (»die im Dunkeln«). Und in dieser immer weiter wachsenden Ungleichheit habe ich bereits früh erkannt und sehe es bis heute unverändert so, dass es die kapitalistische Wirtschaftsform ist, die dafür verantwortlich ist. Eine so immense Ungleichheit, wie wir sie heute erleben, in Deutschland, in Europa, aber auch zwischen den reichen und armen Ländern der Welt, ist eine empörende Ungerechtigkeit. Der Kapitalismus, der heute als Gesellschaftsform alle Bereiche unseres Lebens durchdringt, ist nicht human, nicht sozial, nicht demokratisch, nicht naturliebend und nicht wirklich werthaltig. Was liegt also näher als ihn abzuschaffen?

Der Text, den ich Ihnen, liebe Leserin, lieber Leser, hier vorlege, möchte zweierlei zu gleich sein: *Essay* und *Traktat*. Wenn Sie seine Thesen und Ausführungen für ungenügend erachten, vielleicht seine Zielrichtung gänzlich verwerfen sollten, dann haben Sie den Text vermutlich als Traktat gelesen und seinen essayistischen Anspruch übersehen. Falls Sie das Buch rundheraus und vollständig befürworten sollten – was mir natürlich deutlich mehr zusagte –, dann bliebe dennoch bei mir ein kleiner Zweifel, ob es mir gelungen ist, seine grimmige Ernsthaftigkeit, die eines Traktats nämlich, richtig zu übermitteln.

Mir geht es beim Schreiben dieses Buches darum, bei den Leser:innen einen »Katharina Blum«-Effekt auszulösen (ohne mich mit dem großartigen Heinrich Böll auf gleiche Stufe stellen zu wollen).[1] Das Buch soll unterhalten und zugleich aufrütteln. Es behandelt *als Essay* die Frage »worin liegt die Ursache all der Krisen, die wir heute und bereits seit vielen Jahren erleben?« und beantwortet *als Traktat* diese Frage, unterlegt mit zahlreichen Fakten, mit: »der Kapitalismus ist es, vor allem der immer gefräßigere Finanzkapitalismus«. Und dennoch bleibt es essayistisch dabei, dass die Frage eine Frage bleibt, die nach angemessenen Antworten verlangt, vor allem nach der entscheidenden Antwort »wie und womit wir diesen Zerstörer Kapitalismus überwinden und eine neue, bessere Gesellschaftform aufbauen können«. Auch einen kleinen Beitrag zum Einstieg in *diese* Fragestellung versucht das Buch zu geben.

Das Vorhaben, die These vom Kapitalismus als dem großen Zerstörer zu belegen, gehe ich in acht Schritten (Kapitel) an. Das auf diese Einleitung folgende Kapitel 1 klärt einige Begriffe zur kapitalistischen Wirtschaftsform, zu Wettbewerb, Wachstum und Globalisierung, und problematisiert den Begriff der »sozialen Marktwirtschaft«. Anschließend nimmt Kapitel 2 ein Thema auf, zu dem in den meisten Gesellschaften breite Übereinstimmung vorherrscht: den Klimawandel und alle weiteren beängstigenden Bedrohungen, die das Potenzial haben, unserer Lebensgrundlagen zu zerstören. Und vermutlich werden die meisten Menschen sogar darin übereinstimmen, dass hier der Kapitalismus zumindest als *eine* wichtige Ursache dieser Malaise in Betracht kommt. Das Kapitel 3 widmet sich der Entwicklung der Demokratie(n) unter dem Einfluss und zunehmendem Druck des Kapitals, das die Demokratie nicht als Staatsform benötigt oder gar wertschätzt, sondern lediglich als Wegbereiterin und Förderin für ihre profitablen Geschäfte. Da der Kapitalismus aber blind für das Soziale in den Gesellschaften ist, neigt er dazu, die Demokratien an den Rand ihrer Existenz zu drücken, sodass diese drohen, ins Illiberale oder Autokratische abzurutschen.

Im Kapitel 4 steht unsere »imperiale Lebensweise« im Mittelpunkt. Dieser Begriff kennzeichnet den simplen, aber folgenreichen Umstand, dass wir in den reichen Ländern des globalen Nordens unser Leben prinzipiell auf Kosten der Menschen im globalen Süden führen, was sich leicht anhand der globalisierten Lieferketten verdeutlichen lässt, die bei den Rohstoffen unserer Produkte beginnen und bei der Entsorgung unserer Abfälle und dem (für uns) nicht mehr Verwendbarem enden. Kapitel 5 wirft einen Blick auf den Finanzkapitalismus, der als Turbokapitalismus seit der Deregulierung der Finanzmärkte zum Ende des vergangenen Jahrhunderts das metastasierende Krebsgeschwür schlechthin repräsentiert, das Ausbeutung und Mehrwert des »Webstuhl- und Dampfmaschinen-Kapitalismus« eines Karl Marx um Dimensionen übertrifft. Dem Finanzkapitalismus mit seiner Entkopplung von der Realwirtschaft widmet sich im Übrigen das ganze Buch.

Mit enttäuschten Hoffnungen und entzauberten Mythen, die sich im und um den Kapitalismus entwickelt haben, beschäftigt sich Kapitel 6. Hier geht es um die Fossilwirtschaft, die — obwohl moralisch vollständig desavouiert – sich als erstaunlich vital erweist, es geht um grüne Hoffnungen, die nicht aufgehen, um den demokratischen Staat, der durch die Bedingungen des Kapitals seine Handlungsfähigkeit immer mehr einbüßt, und es geht um unsere Moral, die sich vom Kapital so leicht bestechen lässt, um vom Kuchen, den uns das Kapital in pawlowscher Manier vor die Nase hält, immer mehr abzubekommen. Wenn wir – anders als in Kapitel 6 gezeigt – frei in unseren Entscheidungen wären, müssten wir den Kapitalismus abschaffen. Welche Maßnahmen hierzu denknotwendig wären, wird in Kapitel 7 angerissen, ohne dass hier der Anspruch eines komplett durchdachten und ausformulierten Modells erhoben wird.

Kapitel 8 bildet dann die Antithese zum vorangegangenen Kapitel. Es macht noch einmal deutlich, warum es sehr unwahrscheinlich ist, dass die Ansätze zu einem »geordneten« Rückbau des Kapitalismus und Aufbau einer alternativen, menschenwürdigen Wirtschafts- und Gesellschaftsform, umgesetzt werden. Einer von mehreren Faktoren hierfür stellt die gegenwärtige geopolitische Lage dar. Ohne eine apokalyptische Entwicklung zu beschreiben, zeichnen sich doch soziale Kipppunkte im globalen Süden und globalen Norden ab, die das Potenzial haben, den Kapitalismus in eher chaotischer Weise zu stürzen. Das Schlusskapitel 9 findet dann doch einen etwas versöhnlicheren Ausgang, ohne Hollywood-Ende zu sein. Unsere Vernunft, unsere Kreativität und unser Humanismus müssen noch einmal eine große Kraftanstrengung erbringen, um in einem universalistischen, kosmopolitischen Angang eine bessere Welt ohne Kapitalismus zu schaffen. Vielleicht ist es dafür doch noch nicht zu spät. Das Potenzial in der Welt ist jedenfalls ohne Zweifel vorhanden ...

1 Kapitalismus, der Zerstörer

> »*Natürlich kann sich der Kapitalismus an ganz viele Sachen anpassen, aber er kann nicht aufhören, wachsen zu wollen, und er kann nicht aufhören, sich an Profit zu orientieren.*«
>
> *Eva von Redecker*[2]

Der moderne Kapitalismus hat viele Gesichter. Sie zeigen sich an verschiedenen Orten und in verschiedener Gestalt. Manche versuchen uns mit einem Lächeln von der Harmlosigkeit seiner Absichten zu überzeugen, manche drohen mit deutlicher Mimik. Manche suggerieren über einen verschleiernden Begriff, dass er gar nicht hinter der Maske steckt, sondern ein wohlwollender anderer. Aber er ist immer präsent. Er durchdringt auf diesem Planeten unser aller Leben in allen Bereichen. Er, der Kapitalismus.

Ob es das überbordende Warenangebot in unseren Geschäften und im Internet ist, ob es Hunger und Armut im globalen Süden sind, ob es der anonyme Milliardär oder der gewiefte Hedgefonds-Manager ist, ob es Cum-Ex- und Cum-Cum-Geschäfte sind, ob es Pandemien und Kriege sind, ob es die stetig wachsenden Berge an Plastikmüll und Computerschrott sind, ob es die rücksichtslose Ausbeutung unseres Planeten ist, ob es die Klimakatastrophen und die sterbenden Arten sind, ob es sich als soziale Marktwirtschaft bezeichnet oder als dirigistische Staatswirtschaft vorstellt, immer ist *er* es, der sich dahinter verbirgt, der steuert und die Fäden in der Hand hält. *Er*, der Kapitalismus.

Es wird den Leser/die Leserin nicht verwundern, dass die zentrale These des Buches lautet: Der Kapitalismus ist der große Zerstörer. Dies ist nicht weit entfernt von den Aussagen der US-amerikanischen Philosophin und Feministin Nancy Fraser, die mit Ihrem Werk »Der Allesfresser«[3] eine zeitgemäße Kapitalismuskritik bot. Und in der Tat: Der Kapitalismus ist ein Allesvertilger, der hin und wieder dazu neigt, die eigenen Grundlagen und Bedingungen seiner Existenz zu verzehren. Es ist dann immer der Staat, der ihn rettet, ihm ein weiteres Mal »Kredit« gewährt und ihm ermöglicht, mit neuem Schwung sein zerstörerisches Werk fortzusetzen.

Wenn ich hier von »dem Kapitalismus« spreche, ist allerdings festzustellen, dass es sich bei diesem nicht um ein simples, unkomplexes Konzept handelt. Kapitalismus ist kein Objekt, das man anfassen kann. Was man mit den Sinnen erfassen kann, sind lediglich seine Wirkungen. Üblicherweise verbindet man mit dem Kapitalismus zweierlei: das Privateigentum an den Produktionsmitteln und den Wettbewerb auf Märkten. Unternehmen wandeln Produktionsmittel in

Waren und Dienstleistungen, um sie auf Märkten anzubieten und an Abnehmer zu veräußern. Die auf Karl Marx zurückgehende Formel hierfür lautet: G → W → G' (Geld → Ware oder Dienstleistung → mehr Geld). Ziel des Prozesses der Umwandlung der Produktionsmittel ist also der Gewinn/der Profit, der zum großen Teil beim Unternehmen verbleibt.

Es gibt sicher noch einige weitere Merkmale kapitalistischer Wirtschaftsweise, wie z.B. ein Kreditwesen zur Finanzierung von Investitionen, eine arbeitsteilige Gesellschaftsstruktur und anderes mehr. Ein entscheidendes Kennzeichen des Kapitalismus, vor allem in Würdigung seines zerstörerischen Potenzials, ist der ihm immanente Zwang zum Wachstum. So wie das einzelne Unternehmen sich im Wettbewerb mit anderen misst und in diesem Messen eine Dynamik entfaltet, immer wieder neue Produkte zu entwickeln und von diesen immer mehr abzusetzen, so messen sich die Staaten dieser Welt ebenso mit ihren Wachstumsraten, basierend auf den in den Ländern produzierten Waren und Dienstleistungen. Das Bruttoinlandsprodukt (BIP) und seine Veränderungen gehören für die Ökonomen dieser Welt zu einer Art *Lingua Franca* des Wirtschaftslebens. Sie zeigen gleichzeitig den Investoren (Kapitaleigner, »Kapitalisten«) dieser Welt den Weg, den ihr Kapital einschlagen sollte. Dort, wo die größten Wachstumsraten erzielt werden, versprechen auch die Investitionen den größten Profit. Im Umkehrschluss wird ein Land, das kein Wachstum aufweist, dessen BIP vielleicht zurückgeht, möglicherweise sogar ein paar Jahre in Folge, zu einem »kranken Mann« (warum eigentlich männlich?) gestempelt. In Deutschland kennt man dies ...

Und die Menschen, die im Erwerbsleben stehen, spüren nicht nur den Wettbewerb, sondern verspüren auch den Antrieb zum »Wachstum«. Wachsen sollen das Einkommen und der Konsum, gleichzeitig die Gestaltungsmöglichkeiten und die Lebensfreude. Auch unseren Kindern bringen wir früh bei, etwas zu »leisten«, damit »man es später besser hat im Leben«, möglichst auch mehr zu leisten als andere, ein Wettbewerbsvorteil gegenüber anderen kann wertvoll sein. Wachstum und Wachstumszwang gehören zum Kapitalismus, mehr noch als Privateigentum an Produktionsmitteln und Märkte.

Wenn Wachstum unter Wettbewerbsbedingungen zum Maßstab wird, gibt es neben den Gewinnern auch Verlierer, und diese sind üblicherweise deutlich zahlreicher als jene. Ungleichheit innerhalb von Gesellschaften und zwischen Gesellschaften ist nicht per se ein konstituierendes Merkmal kapitalistischer Wirtschaftsweise, aber notwendig ihre Folge. Dies war zu Zeiten der Dampfmaschinen nicht anders als heute in der Ägide von Kryptowährungen und künstlicher Intelligenz. Nur dass wir es heute mit einem Ausmaß an Ungleichheit zu tun haben, die früher kaum denkbar war. Während rund 733 Millionen Menschen auf der Welt Hunger leiden[4] und fast 3,6 Milliarden Menschen unter der Armutsgrenze von 6,85 US-Dollar leben[5], leisten sich die rund 2.800 Milliardäre einen gigantischen Lebensstandard.[6] Während die Zahl der Armen seit 1990 bis heute in etwa unverändert geblieben ist, stoßen jede Woche vier neue Milliardäre zum exklusiven Klub hinzu. Ein Problem dieser Milliardäre – eines unter vielen – ist ihr gewaltiger »CO2-Fußabdruck«.[7] Auch in diesem zeigt sich eine Facette der zahlreichen Ungleichheiten auf diesem Planeten.

In allem erkennen wir, dass Kapitalismus mehr ist als eine Form des Wirtschaftens. Kapitalismus ist eine *Gesellschaftsform*. Nancy Fraser formuliert treffend:

> *»Der [...] Kapitalismus ist aber auch tief in scheinbar nicht ökologische Formen sozialer Ungerechtigkeit verwickelt, von der Klassenausbeutung über rassistisch-imperialistische Unterdrückung bis hin zu geschlechtlicher und sexueller Dominanz. Und auch in auf den ersten Blick nicht ökologischen gesellschaftlichen Schieflagen spielt der Kapitalismus eine zentrale Rolle: in Krisen der Fürsorge und der sozialen Reproduktion, der Finanzen, der Betreuungsketten, der Löhne und der Arbeit, der Regierungsführung und der Entdemokratisierung.«[8]*

Wenn wir von »dem Kapitalismus« sprechen, sollten wir eine Unterscheidung im Hinterkopf haben, nämlich die zwischen Real- und Finanzwirtschaft. Bei der Realwirtschaft haben wir es mit dem »klassischen« Kapitalismus zu tun, der noch bis zum Ende der 1970er-Jahre vorherrschend war und der durch

Waren- oder Dienstleistungsproduktion und das oben genannte Marx'sche Profitgesetz $G \rightarrow W \rightarrow G'$ gekennzeichnet ist. Mit der Deregulierung der Finanzmärkte[9] gewann die Finanzwirtschaft zunehmend an Bedeutung und ist heute der unbestreitbar dominante Aspekt des Kapitalismus. Die Ökonomen verwenden für das wertmäßige Verhältnis zwischen beiden (Finanz- und Realwirtschaft) den Begriff der »Finanztiefe«. Betrachtet man nur den Wert der weltweit umlaufenden Aktien und Anleihen (der Finanzmärkte), so ergibt sich bereits ein Verhältnis zur Realwirtschaft (gemessen am Welt-BIP, der Weltproduktion an Waren und Dienstleistungen) von 4:1 (eine Finanztiefe von 400 Prozent). Nimmt man noch Derivate hinzu, muss man von einem Verhältnis von mindestens 10:1 ausgehen.[10] Manche sprechen insgesamt – unter Einschluss aller übrigen Finanzgeschäfte – von einem astronomischen Verhältnis von 50:1 oder darüber hinaus.[11] Wir werden die Konsequenzen, die sich aus diesen Umständen ergeben, im Kapitel 5 weiter untersuchen. Deutlich wird aber bereits, dass der Kapitalismus als Finanzkapitalismus ein anderes Gesicht hat als der alte Kapitalismus der Realwirtschaft, ein Gesicht, hinter dem sich ein weitaus größeres Zerstörungspotenzial verbirgt. Auch dürfte anhand der Finanztiefe klar sein, dass das Profitgesetz $G \rightarrow W \rightarrow G'$ im Finanzkapitalismus durch ein neues Gesetz ergänzt werden muss, nämlich $G \rightarrow G'$. Aus Geld wird mehr Geld – ohne den

Umweg über eine Warenproduktion. Und dieses Gesetz nimmt mehr und mehr Raum ein.

In Deutschland ist der Begriff »Kapitalismus« nicht en vogue. Er klingt für viele einfach zu sehr nach Sozialismus. Ökonomen und Politiker bemühen stattdessen oft die »soziale Marktwirtschaft«. Dieses, auf Ludwig Erhard (1897–1977) zurückgehende Konzept strebt einen größtmöglichen Wohlstand bei bestmöglicher sozialer Absicherung an. Und in der Tat konnte diese Zieldualität in den 1960er-Jahren im Wesentlichen erreicht werden. Dabei war auch unter Erhard und seinen Nachfolgern im Kanzleramt stets klar, dass die Wohlfahrt der Wirtschaft Vorrang vor anderen Ansprüchen haben müsse. Und die soziale Marktwirtschaft ist damals wie heute ein rein kapitalistisches System, bei dem der Profit wirtschaftlicher Aktivitäten (sehr) wenigen zukommt und sich die breite Masse mit ein paar »Brosamen« zufriedengeben muss. Hinzu kommt, dass der Sozialstaat praktisch nicht in der Lage ist, den wirklich Bedürftigen ein angemessenes Leben zu ermöglichen; er verteilt seine Wohltaten mit der »Gießkanne«. Exemplarisch konnte man das am sogenannten Tankrabatt sehen, der von der letzten Bundesregierung im Mai 2022 beschlossen wurde, um den Spritpreisanstieg nach dem Angriffskrieg Russlands auf die Ukraine abzudämpfen. Da hiervon auch ökonomisch Gutsituierte profitiert haben und es sich um eine ökologisch fragwürdige Maßnahme handelte, haben sogar konservative Ökonomen Kritik geübt.[12] »Armut auf Rekordhoch: Helft denen, die es wirklich brauchen!«, ist der Titel eines Artikels des Hauptgeschäftsführers des paritätischen Gesamtverbands aus dem Jahr 2023 überschrieben.[13] Er bringt damit die gegenwärtige Situation der angeblich so *sozialen* Marktwirtschaft in Deutschland zutreffend auf den Punkt.

Der Kapitalismus ist global; er hat praktisch alle Staaten der Welt erfasst. Dies gilt auch für ehemalige Schwellenländer, allen voran China. China ist kapitalistisch, auch wenn die kommunistische Partei in allem das Sagen hat. Das Land agiert mit seiner zum Teil hochsubventionierten Hightech-Industrie auf den Weltmärkten und verfügt über die mit Abstand größten Devisenreserven aus seinem Handel mit der Welt. Und es gibt in China auch Vermögensmilliardäre, auch wenn diese in ihrer Gestaltung weniger frei sind als West-Milliardäre. Letzteres gilt in ähnlicher Weise für die Russische Föderation und ganz sicher auch für Indien.

Dass der Kapitalismus in seinem Tun als »Allesfresser« (Fraser) oder »Zerstörer« nicht entlarvt wird, liegt zum einen an Begriffen wie der »(sozialen) Marktwirtschaft«, zum anderen aber daran, dass Ursache-Wirkungs-Zusammenhänge nicht gesehen bzw. nicht auf den eigentlichen Urgrund, der kapitalistischen Wirtschaftsweise, zurückgeführt werden. Dass zwischen Klimawandel und Artensterben ein Zusammenhang besteht, wird den meisten Menschen einleuchten. Dass aber die rücksichtslose Ausbeutung und Vermüllung der Natur durch profitorientierte Unternehmen für beide Krisen verantwortlich sind, wird oft übersehen. Die Demokratie wird durch Rechtspopulismus und -extremismus zunehmend bedroht. Aber auch hieran trägt der Kapitalismus zumindest eine Teilverantwortung, da er die Gestaltungsräume des Staates einengt – wenn es sich nicht um die USA, Russland oder China handelt, sondern um eine »Mittelmacht« wie Frankreich oder Deutschland. Hierzu mehr in Kapitel 3.

Diese und andere Zusammenhänge aufzudecken und klar zu benennen, wäre Aufgabe von Politik, (ökonomischer) Wissenschaft und Medien. Aber hierin versagen alle drei. Nicht nur wird der Begriff »Kapitalismus« vermieden, als wäre es ein kommunistischer Kampfbegriff. Auch die zerstörerische Natur des Wachstums wird nicht thematisiert. Für Ökonomie, Politik und Medien ist Wachstum eine verehrungswürdige Monstranz. Geht es dem Wachstum schlecht, herrscht großes Heulen und Zähneklappern, es geht die Angst um unseren Wohlstand um. Aber dieser ist in guten wie in schlechten Zeiten sehr ungleich verteilt und Wachstum wird regelmäßig teuer erkauft. Zutreffend bemerkt der britische Journalist und Aktivist George Monbiot: »Der Glaube, wirtschaftliches Wachstum könne von Zerstörung abgekoppelt werden, scheint auf einem Rechenfehler zu basieren.«[14]

Und die Ökonomie als Wissenschaft kommt beim Ökonomen Thomas Piketty mit einigem Recht schlecht weg:

> *»Sagen wir es klipp und klar: Die wirtschaftswissenschaftliche Disziplin hat ihre kindliche Vorliebe für die Mathematik und für rein theoretische und oftmals sehr ideologische Spekulationen nicht abgelegt, was zu Lasten der historischen Forschung und der Kooperation mit den anderen Sozialwissenschaften geht. Allzu häufig befassen sich die Ökonomen in erster Linie mit kleinen mathematischen Problemen, an denen nur sie selbst interessiert sind, was es ihnen erlaubt, sich ohne großen Aufwand das Etikett von Wissenschaftlichkeit anzuheften und sich den viel komplizierteren Fragen zu entziehen, die die Welt um sie herum aufwirft.«*[15]

Vielleicht ist das große Problem der Ökonomen (mit ihren mathematischen Problemen), dass sie in der Mehrzahl immer noch am Bild des »Homo oeconomicus« festhalten, also an der Vorstellung des völlig rational handelnden Menschen, der als Produzent und als Konsument immer basierend auf vernünftigen Gründen und dabei vollkommen egoistisch agiert. Dieses Bild beschreibt den Menschen eher als rationale Maschine, und man könnte ihn über kurz oder lang durch eine künstliche Intelligenz ersetzen. Vielleicht ein Traum, den Kapitalisten wie Elon Musk träumen ...

Die Klimaaktivistin Carla Reemtsma der Klimaschutz-organisation *Fridays for Future* formuliert völlig zutref-fend, dass das kapitalistische System für die Probleme unserer Zeit keine Lösungskompetenz besitzt: »Corona-Pandemie, Inflation, Klimakrise – der Kapitalismus hat keine Lösungen für die Probleme unserer Zeit«[16]. Allerdings muss man notwendig ergänzen: Der Kapitalismus hat keine Lösungen für die Probleme unserer Zeit, *da er selbst das Grundproblem darstellt*, wie die folgenden Kapitel belegen.

2 Der Kapitalismus zerstört unsere Lebensgrundlagen

> *»Ich glaube, es gibt keine Klimakrise per se.*
> *Die Klimakrise ist eine Folge der eigentlichen*
> *Krise: des Kapitalismus.«*
>
> *Soumitra Ghosh* [17]

Wenn wir von den Krisen sprechen, die unsere Lebensgrundlagen bedrohen und das Potenzial haben, diese zu zerstören, fällt uns vorrangig der Klimawandel ein. Zu diesem führt der Astrophysiker Harald Lesch in »fünf Kerninfos [...] in nur 20 Worten« aus: »Erstens: er [der Klimawandel; C.C.] ist real, zweitens: wir sind die Ursache, drittens: er ist gefährlich, viertens: die Fachleute sind sich einig, fünftens: wir können noch etwas tun.«[18] Dass ich den fünften Punkt kritisch sehe, ist unter anderem Thema dieses Buches.

Die Klimakrise ist eine, aber nicht die einzige Krise in unserer krisenreichen Zeit. Artensterben, Bodenkrise, Wasserkrise, Ernährungskrise – die letzten drei nicht nur »draußen in der Welt«, sondern auch bei uns! – sind als wichtige weitere Bedrohungen zu nennen. Und, wer weiß, wann uns die nächste Pandemie heimsucht. Ich komme darauf zurück; zunächst aber zum Klima.

Der Klimagipfel von Baku (UN-Klimakonferenz COP29) im November 2024 war ein Reinfall, da er ohne signifikante Ergebnisse geblieben ist. Dies konnte nicht wirklich verwundern, Baku liegt in Aserbaidschan, das seinen Export zu 92,5 Prozent mit Erdgas und Erdöl erwirtschaftet, also den fossilen Brennstoffen, die bis heute die Hauptverursacher des Klimawandels sind.[19] Und ganz nebenbei fädelten die Gastgeber auch neue Gas-Deals ein.[20] Dabei sind die durch die Öl- und Gaskonzerne angerichteten Schäden astronomisch hoch. Nach einer Studie der internationalen Organisation *Climate Analytics* belaufen sich die Klimaschäden, verursacht von den 25 größten Konzernen, zwischen 1985 und 2018 auf etwa 20 Billionen US-Dollar.[21] Und auch über die Extragewinne aus den Preisanstiegen nach dem Überfall Russlands auf die Ukraine haben sich die Ölmultis so gefreut, dass ihre größten fünf Anfang 2024 rund 100 Milliarden Dollar an ihre Aktionäre auszahlen konnten. Während die europäischen Unternehmen Shell und BP auch mit Investitionen in erneuerbare Energien beginnen – wenn auch in bescheidenem Umfang und ohne ihre fossilen Anstrengungen zu reduzieren –, sind die amerikanischen Konkurrenten und die Staatskonzerne in der Golfregion weiter nur auf dem »Fossil-Gleis« unterwegs. Das Credo des amerikanischen Präsidenten Donald Trump (»Drill, baby, drill!«) und sein beabsichtigter Ausstieg aus dem Pariser Klimaabkommen zeichnen hier den künftigen Weg vor. Dass der Generalsekretär der Vereinten Nationen Guterres die Geschäftsmodelle der Ölindustrie aufgrund ihrer andauernden Rolle als Hauptverursacher der Klimakrise als »unvereinbar mit dem Überleben der Menschheit« bezeichnet,[22] verhallt bei den Verantwortlichen ungehört. Im Gegenteil: Auf internationalen Konferenzen tritt Saudi-Arabien sogar mit der Forderung auf, Ausgleichszahlungen zu erhalten, falls der Ölpreis deutlich sinken sollte. Das Land stellt sich damit auf eine Stufe mit den Entwicklungsländern, die ihrerseits als Geschädigte des Klimawandels mit Recht Ausgleichszahlungen von den verursachenden Ländern einfordern. Da die Ölkonzerne schon frühzeitig von den massiven Auswirkungen ihrer Geschäfte auf das Weltklima wussten, die Öffentlichkeit mit zum Teil gekauften Gutachten aber bewusst belogen haben, gab es immer wieder Klagen gegen die Industrie, wie u. a. die Klage Kaliforniens gegen *ExxonMobil, Shell, BP, ConocoPhillips* und *Chevron* aus dem Jahr 2023.[23] Kalifornien legte dann im letzten Jahr eine weitere Klage gegen *ExxonMobil* nach, bei der es um den Vorwurf der Täuschung beim Recycling von Plastikmüll ging.[24]

Die Liste der »Betriebsunfälle« beim Transport von Erdöl und Raffinerieprodukten sowie auf Öl-Plattformen ist lang.[25] Die Namen *Exxon Valdez, Deepwater Horizon* und *Amoco Cadiz* stehen stellvertretend für viele. In jüngster Zeit und als Folge des Ölembargos der Europäischen Union gegen Russland machen auch russische Öltransporte in der Ostsee Sorgen vor möglichen Unfällen, da die Transporte mit abgewrackten Schiffen unter Drittstaatenflaggen (russische »Schattenflotte«) stattfinden.

Ein Mittel, um die fossile Industrie und ihren schädlichen CO_2-Ausstoß zu verringern, ist der CO_2-Preis. Das Problem ist, dass viele »Player« derzeit kein CO_2-Preissystem eingeführt haben, darunter viele US-Staaten, Indien, Russland und die Golf-Staaten, und dass der Preis in den Ländern, die über ein solches Preissystem verfügen, deutlich zu niedrig ist. In Deutschland gilt seit dem 1.1.2025 ein Preis von 55 Euro je Tonne CO_2. Der Weltklimarat (*IPCC*) schlägt bis 2030 einen Preisbereich zwischen 135 und 5.500 US-Dollar pro Tonne CO_2 vor, um das 1,5-Grad-Ziel zu erreichen.[26] Abgesehen von dieser sehr weiten Preisspanne ist nicht davon auszugehen, dass die Preise in den Ländern mit Preissystem auch nur annähernd in den Bereich der Obergrenze kommen werden. Und Staaten wie Russland, Saudi-Arabien und gegebenenfalls auch die USA werden sich kaum je solchen Preissystemen unterwerfen.

Alles in allem ist davon auszugehen, dass sich die Profiteure des fossilen Geschäftsmodells dieses auf sehr lange Sicht nicht nehmen lassen werden. Hinzu kommt, dass es mit der chemischen Industrie einen Sektor gibt, der seine Geschäftsmodelle auf Erdöl und Erdgas aufbaut (Petrochemie) und der unter anderem als Hersteller von Kunststoffen wesentliche Verantwortung für den Plastikmüll in den Weltmeeren trägt.

Währenddessen schreitet der Klimawandel weiter voran. Das Jahr 2024 war das wärmste seit Beginn der Klimaaufzeichnungen und das erste Jahr mit einer durchgängig um 1,5 Grad Celsius höheren Durchschnittstemperatur als in vorindustrieller Zeit.[27] KI-gestützte Klimadiagnosen prognostizieren einen möglichen Anstieg um 3 Grad bereits für die kommenden 20 bis 30 Jahre.[28] Was diese Entwicklung für den Planeten bedeute, kann man nur erahnen. Im Hitzesommer 2022 gab es in Europa mehr als 60.000 Hitzetote, allein 8.000 in Deutschland. Betroffen sind insbesondere Ältere.[29] Neben Hitzewellen und Dürreperioden sind auf der anderen Seite eine Zunahme von Starkregenereignissen, Flutkatastrophen und Überschwemmungen zu erwarten. Auch hier stehen die Flutkatastrophe im Ahrtal 2021 und die Flutkatastrophe in Spanien 2024 mit ihren Hunderten von Toten und Milliardenschäden stellvertretend für viele andere. Durch die Erwärmung der Luft kann diese mehr Wasser speichern, das die beschriebenen Ereignisse herbeiführt.[30] Auch 2024 sind CO_2-Konzentration und Lufttemperatur in Deutschland wieder gestiegen.[31] Der Trend der letzten Jahre setzt sich unverändert fort.

Wasserkrise: Auch dieser Problemkreis ist vielschichtig und ein Zusammenhang mit dem Zustand des

Klimas existiert auch hier. Durch die globale Erwärmung haben sich auch die Ozeane deutlich erwärmt und 2024 einen neuen Rekord aufgestellt.[32] Meereshitzewellen häufen sich, und der Sauerstoffgehalt des Meerwassers sinkt. Die Erwärmung bewirkt eine thermische Ausdehnung des Meerwassers und treibt damit den Meeresspiegelanstieg an.

Ein Zuviel an Wasser bei Starkregenereignissen, Taifunen und Tornados steht einem Zuwenig an Wasser zu anderen Zeiten und an anderen Orten gegenüber. Besondere Probleme bereitet der Wassermangel den Ländern des globalen Südens. Dort, wo sauberes Trinkwasser oft nicht vorhanden ist, Dürren die Ernten vernichten und Verschmutzung die Fischerei in Binnengewässern bedroht, verschärft die Klimakrise die Situation noch einmal. Aber auch in Europa und Deutschland richtet Wassermangel Schäden an. Ausgelaugte Böden und Waldbrände sind Indikatoren für ein Zuwenig an Wasser auch bei uns. Leichtsinnig ist es vor diesem Hintergrund, gerade in Gegenden, die besonders unter Wassermangel leiden, wasserverbrauchende Großindustrien anzusiedeln. Beispiele sind das Tesla-Werk in Brandenburg und die Chip-Industrie in Sachsen.

Bodenkrise: Weltweit gibt es Auseinandersetzungen um die begrenzte Ressource Boden. Regenwälder werden vernichtet (Brasilien, Indonesien), um Platz für Palmölplantagen und Soja- und Zuckerrohranbau zu schaffen. Dabei sinkt die Fläche, die für die menschliche Nahrungsmittelproduktion zur Verfügung steht, stetig. Heute ist sie pro Kopf der Bevölkerung nur noch halb so groß wie zu Beginn der 1960-er Jahre.[33] Zurückzuführen ist dies – neben anderen Nutzungen – auch auf die wegen des weltweit gestiegenen Fleischkonsums wachsenden Anbauflächen für die Tierfutterproduktion. Folgt der Trend der für die Nahrungsmittelproduktion verfügbaren Anbauflächen der bisherigen Entwicklung, wird das zu einer verschärften Situation des Hungers in der Welt führen und zugleich die Migration weiter befördern. Intensivierte Landwirtschaft mit hohem Einsatz von Düngemitteln und Pestiziden laugt die Böden aus und verschmutzt die Flüsse. Ansiedlungen von Industriebauten und Flächenversiegelungen nehmen dem Boden die Möglichkeit zur CO_2-Speicherung.

Alle genannten Probleme führen auch in Deutschland zu immer größeren Problemen. Die Versiegelung von Flächen ist ungebrochen. Im Jahr 2021 wurden pro Tag 55 Hektar Boden versiegelt, eine Fläche so groß wie 78 Fußballfelder.[34] Die von Banken, Investoren, Bauindustrie und Politik nach wie vor beförderte Errichtung von Einfamilienhaussiedlungen »auf der grünen Wiese« verschlingt immer mehr Bodenfläche, von der Ansiedlung von Großindustrieanlagen und Supermärkten im ländlichen Raum ganz zu schweigen. Dass der von *Intel* geplante Bau einer Chipfabrik ausgerechnet in der Magdeburger Börde geplant wurde, die für ihre ertragsreiche Schwarzerde bekannt ist, ist schwer verständlich. Die Region kann sich freuen, dass Intel seine Pläne nun verschoben oder aufgegeben hat. Es wäre neben einer Abtragung von 1,8 Millionen Tonnen Bördeboden auch zu einem kaum zu deckenden Wasserbedarf der Chipfabrik von sieben Millionen Kubikmeter pro Jahr gekommen.[35]

Zwischen 2018 und 2021 sind fast fünf Prozent der Waldfläche in Deutschland während der Dürreperioden verloren gegangen, das entspricht etwa einem Drittel der Fläche Schleswig-Holsteins.[36] Apropos Wald: In naturbelassener Form ist Wald ein CO_2-Speicher. Durch die Übernutzung und den Klimawandel kann Wald diese wichtige Funktion kaum noch erfüllen. Mehr und mehr wird der Wald zu einer CO_2-Quelle statt einer CO_2-Senke.[37] In einem Wald nahe Mainz liest man auf einem Warnschild mit der Überschrift: »Gefahren durch klimakranke Bäume«: »Liebe Gäste, Dürrephasen nehmen durch die Klimakrise zu und schädigen viele Bäume. Damit steigt die Gefahr durch herabfallende Äste und umfallende Bäume. Sie betreten den Wald auf eigene Gefahr.«[38] Auch den Mooren in Deutschland, den besonderen »Experten« für CO_2-Speicherung, geht es schlecht; etwa 90 Prozent wurden für die landwirtschaftliche Nutzung trockengelegt.[39]

Artenschutz: Der Weltnaturgipfel (COP16) im kolumbianischen Cali im Oktober 2024 endete abrupt und ohne eine Einigung über die weitere Finanzierung. Vor allem die Länder des globalen Südens, die bereits an der Bewältigung der zahlreichen Großprobleme (Hunger, Armut, Ungleichheit, städtische Gewalt) zu scheitern drohen, forderten vergeblich von den Industriestaaten mehr Engagement beim Artenschutz.[40]

So dramatisch der Zustand unserer natürlichen Lebensgrundlagen (Klima, Luft, Boden, Wasser, Artenvielfalt) ist, für die Chance auf ein Umsteuern fast noch problematischer ist die *ungleiche Verteilung* der Auswirkungen der Krisen. Ungleich ist diese Verteilung sowohl innerhalb der Staaten als auch zwischen ihnen. Und gerade in dieser ungleichen Belastung zeigt sich die das wahre Gesicht des kapitalistischen Geschäftsmodells: Es profitieren nur wenige stark; die große Masse profitiert nicht, sondern leidet besonders unter den negativen Folgen. Dass wir in unserem – verglichen mit den meisten Ländern des globalen Südens – »paradiesischen« Deutschland sowie in den meisten Industrieländern des globalen Südens *auf Kosten der Menschen im globalen Süden* leben, ist insbesondere Thema von Kapitel 4.

Aber auch in unseren Ländern ist Nutzen und Schaden sehr ungleich verteilt. Wenn Mieter in unsanierten Altbauwohnungen leben (müssen), können sie sich eben keine Wärmepumpe anschaffen. Und da die deutschen Autobauer Elektrofahrzeuge bauen, die praktisch ausschließlich im oberen Preissegment angesiedelt sind, können viele Menschen sich kein E-Auto leisten. Top-Verdiener leisten sich Flüge im Privatjet und geben manchmal erstaunliche

Einblicke in ihre Denkungsart. Wie der Zeitschriften-verleger Julian Backhaus, der in einer ARD-Sendung vor einem Privatflug von Wilhelmshaven nach Frankfurt zu Protokoll gab: »Ich finde es manchmal abartig mit öffentlichen Verkehrsmitteln, und da mit diesen ganzen rotzenden und keuchenden Leuten sich irgendwie eine Kabine zu teilen. Das mache ich so selten, wie es nur geht.«[41] Oder der Touristik-Manager und Multimillionär Stephan Gerhard, der in der gleichen Sendung von »Palmen an der Ostsee« träumt und zu seinem Interesse am Klimawandel offen bekennt, dass es für ihn nur darum geht, aus diesem Kapital zu schlagen. Zynischer geht es kaum.

Vor dem Hintergrund von Klimakrise und Zerstörung der Lebensgrundlagen ist es erschütternd, dass für die Politik diese Themen – nach einer kurzen Periode einer gewissen Euphorie – zunehmend an Bedeutung verlieren. Der Wechsel im Präsidentenamt der Vereinigten Staaten hat erneut einen Mann an die Spitze gebracht, der nicht nur ein Klimawandelleugner ist, sondern auch die fossile Wirtschaft noch stärker und im wahrsten Sinne des Wortes »befeuern« möchte (»Drill, baby, drill!«). Fast symbolisch muten in diesem Kontext die parallel zur Amtseinführung noch nicht völlig unter Kontrolle gebrachten Großbrände an der kalifornischen Küste an.

Und in Deutschland? Wegen Migrations- und Wirtschaftskrise scheint das Interesse an der Bekämpfung des Klimawandels nachzulassen. Jetzt soll Klimaschutz »mit Augenmaß« betrieben werden, die CDU möchte das Klima »marktwirtschaftlich schützen«, »Innovation und Marktwirtschaft« sind die Schlüsselwörter bei der FDP, die sich als einzige Partei vom Ziel der Klimaneutralität Deutschlands im Jahr 2045 verabschiedet, und auch bei SPD und den Grünen schafft es der Klimawandel nur auf hintere Plätze.

Einige Zahlen und Fakten (16 von vielen Tausenden ...):

- Durch Wetterextreme als Folge des Klimawandels verloren in den vergangenen 30 Jahren (1993-2023) weltweit 800.000 Menschen ihr Leben. Gleichzeitig wurden durch den Klimawandel ökonomische Schäden in Höhe von 4,2 Billionen US-Dollar verursacht.[42]
- Kippelemente: Selbst bei einem globalen Temperaturanstieg von nur 2 Grad Celsius ist die Wahrscheinlichkeit hoch, dass es zu einem Verlust des grönländischen Eisschilds und des westantarktischen Eisschilds kommen wird.[43]
- Im Jahr 2023 wurden weltweit 8,5 Milliarden Tonnen Kohle verbrannt.[44]
- Nordpol: Es wird dort einen ersten eisfreien Tag vor dem Jahr 2030 geben.[45]

- Beim Abbau und der Herstellung von 1 Kilogramm Gold werden 16.000 Tonnen CO2 erzeugt.[46]
- Der Ausstoß des stärksten bekannten Klimagases Schwefelhexafluorid (SF6) ist höher als bisher gedacht. Das Gas bleibt 1.000 Jahre in der Atmosphäre.[47]
- 700 Millionen Menschen haben keinen Zugang zu sauberem Trinkwasser.[48]
- Über 91 Prozent aller Oberflächengewässer in Deutschland verfehlen derzeit einen guten ökologischen Zustand.[49]
- »Jeder Mensch in Deutschland verursacht im Durchschnitt insgesamt einen [virtuellen; C.C.] Wasserverbrauch von etwa 4.000 Litern oder mehr – am Tag!«[50]
- Für die Herstellung eines T-Shirts werden etwa 2.500 Liter Wasser benötigt.[51]
- Derzeit sind 60 bis 70 Prozent der europäischen Böden aus dem Gleichgewicht geraten oder geschädigt.[52]
- Schätzungen zufolge wird weltweit alle zwei Sekunden ein Baum für die Produktion von Ikea-Möbeln gefällt.[53]
- Die im Bundesverkehrswegeplan vorgesehenen Fernstraßen gefährden 87 Naturschutzgebiete und verbrauchen 13.000 Hektar an ökologisch wertvollen Flächen.[54]
- Durch Reifenabrieb entstehen in Deutschland pro Jahr 150.000 Tonnen Mikroplastik.[55]

- Nach einer neuen Studie sind weltweit 2 Millionen Arten vom Aussterben bedroht.[56]
- Der hohe Fleischkonsum in der Welt hat dazu geführt, dass die Biomasse der Nutztiere bereits 60 Prozent der Biomasse aller lebenden Säugetiere auf dem Planeten ausmacht.[57]

3 Der Kapitalismus bedroht unsere Demokratie

»*Der Kapitalismus wird in der Spätmoderne oligarchisch und autoritär.*«

Ingolfur Blühdorn[58]

Der Zusammenhang zwischen Kapitalismus, seinem inhärenten Wachstumszwang und der Zerstörung unserer Lebensgrundlagen ist direkt und damit unschwer anzuerkennen. Wem sich dieser Zusammenhang dennoch nicht spontan erschließt, sei auf Kapitel 6 verwiesen. In diesem geht es um die Destruktion aller Hoffnungen und Mythen zur vermeintlich möglichen Harmonisierung von Kapitalismus und Bewahrung der Lebensgrundlagen. Eher indirekt ist dagegen der Zusammenhang zwischen Kapitalismus und der Bedrohung der Demokratie, der im vorliegenden Kapitel im Mittelpunkt steht. Ich werde den Zusammenhang über eine Kette von Kausalitäten in folgender Weise begründen: Der Kapitalismus, im Grunde angewiesen auf ein funktionierendes, institutionalisiertes Staatswesen, demontiert auf der Suche nach neuen profitablen Investitionsmöglichkeiten dieses funktionierende Staatswesen, macht es dysfunktional und unwirksam. Ein unwirksames Staatswesen produziert Rechtspopulismus und befördert Renationalisierungsbestrebungen. Der dysfunktionale Staat kann auch der durch den Kapitalismus verursachten wachsenden Ungleichheit nicht mehr entgegenwirken. In der Folge wird die Demokratie zunehmend unglaubwürdig und verliert deutlich an Akzeptanz bis hin zu ihrer Abschaffung. Wenn wir solchermaßen von *dem Staat* sprechen, ist es wichtig zu differenzieren. Ich möchte hier drei Staatstypen unterscheiden. Zum einen *Großmächte* (USA, China), zweitens *mittlere und kleinere Staaten des globalen Nordens* (»Mittelmächte«, wie z.B. Deutschland, Frankreich, Niederlande, Kanada) und drittens *Staaten des globalen Südens*. Die Großmächte, auch wenn hier teilweise die weiter unten genannten Entwicklungen zutreffen (z.B. der gestiegene Rechtspopulismus in den USA) und sie selbstredend durch und durch kapitalistisch verfasst sind, verfügen über ausreichend »Power«, um mit staatlichen Mitteln kapitalistische Auswüchse einzuhegen – vielleicht erweisen sich auch die USA mit der Kombination aus Donald Trump und Elon Musk bald als Gegenbeispiel. Viele Staaten des globalen Südens sind teilweise exakt wegen des kapitalistischen Systems in Teilen dysfunktional, nur mit dem wichtigen Unterschied, dass ihnen dieses System in kolonialistischer Absicht oktroyiert wurde, um für die »Kolonialherren« aus dem globalen Norden Profit zu generieren (vgl. hierzu die Ausführungen im Kapitel 4). In diesem Kapitel beschränke ich mich auf die beispielhaft genannten Mittelmächte.

Zum ersten Abschnitt der Beweiskette. Der Kapitalismus bevorzugt einen funktionierenden Staat, um sich entfalten zu können. Ein im kapitalistischen Sinne funktionierender Staat stellt eine gute – primär technische – Infrastruktur zur Verfügung (Verkehrswege, Energie, Kommunikation, Banken- und Währungssystem). Die Infrastruktur wird aus Steuermitteln finanziert, an denen sich die Kapitaleigner nur in möglichst geringem Umfang beteiligen möchten. Selbst wenn wir in die Reihe der Infrastrukturelemente noch soziale Bausteine (Sicherheit, Bildung, Kultur) hinzunehmen, zu keiner Zeit fordert der Kapitalismus eine demokratische Verfasstheit des Staates.

Wie alle Marktteilnehmer im globalisierten Kapitalismus stehen auch die Staaten der Welt untereinander im Wettbewerb und unterliegen dem Wachstumszwang. Konkurriert wird unter anderem um Investoren (Kapital) und Personal. Und wachsen – also ihr Bruttoinlandsprodukt steigern – müssen Staaten auch, denn nur das macht sie für Kapital und Personal interessant. Nicht konkurrieren (und wachsen!) müssen Staaten hinsichtlich ihrer demokratischen Verfasstheit, jedenfalls nicht im Sinne der allermeisten Investoren dieser Welt. Nun wird allerdings der demokratisch verfasste Staat seinen Bürgern, da sie dies fordern und der Staat dies zumindest aus praktischen Erwägungen für sinnvoll erachtet (»Ruhe im Land«), ein angemessenes Sozialsystem (Renten, Absicherung gegen Krankheit und Arbeitslosigkeit, Bürgergeld, Wohngeld, und dergleichen) bieten. Diese sozialen »Wohltaten« muss der Staat zwangsläufig über Einnahmen finanzieren, die er über höhere Steuern und Abgaben eintreiben wird. Höhere Steuern und Abgaben gefährden allerdings die Wettbewerbsposition des Staates im Vergleich zu anderen. Dies wäre dann weniger problematisch, wenn das Kapital für die Investitionen in die Unternehmen des Staates zum größten Teil aus dem Kapital im Staat selbst, also von den ansässigen Investoren, stammt. Diese Investoren werden dann abwägen, ob die höhere Steuer- und Abgabenlast des Staates durch andere Vorteile aufgewogen wird, z.B. durch eine bessere Infrastruktur. Dann bleibt das Kapital im Staat und steht für Investitionen zur Verfügung. Im globalisierten Kapitalismus ist die Situation anders. Dessen Investoren werden bei sonst halbwegs vergleichbaren Umständen eher in dem Staat mit der geringeren Abgabenlast investieren. Natürlich ist die Höhe von Steuern und Abgaben nur eines von mehreren Kriterien für Investitionsentscheidungen. Andere kommen hinzu – z.B. der Organisationsgrad der Beschäftigen; Gewerkschaften und Betriebsräte mögen Investoren in der Regel nicht –, aber die Abgabenlast ist ein wichtiges Kriterium, an dem man das Dilemma des demokratischen Staates festmachen kann.

Was tut also der demokratische Staat, der im Wettbewerb um internationale Geldgeber die Nase vorn haben möchte? Einmal könnte er Investoren mit Geschenken locken. Ein schönes Beispiel ist die – glücklicherweise nicht vollzogene – Ansiedlung einer Chipfabrik des amerikanischen *Intel-Konzerns* bei Magdeburg, die der deutsche Staat mit rund 10 Milliarden Euro bezuschussen wollte.[59] Eine andere Möglichkeit ist die Absenkung der Steuer- und Abgabenlast für alle Unternehmen, so wie es liberale und konservative Parteien fordern. Dies führt üblicherweise noch nicht direkt zum Abbau von Sozialleistungen, sondern läuft zunächst auf eine im Zeitablauf immer größer werdende Verschuldung des Staates hinaus, der Kredite zur Finanzierung von staatlichen Investitionen (Infrastruktur) und Sozialleistungen aufnimmt. Wird die Verschuldung dann zu *hoch* (ein sehr relativer Begriff), wird der Staat vielleicht zunächst Teile der Infrastruktur privatisieren, um Schulden abzubauen, später wird er dann aber an der Einschränkung und Rücknahme von Sozialleistungen nicht vorbeikommen. Auch hier wieder mit dem Thema »Bürgergeld« ein Beispiel aus unserem Land. Haben die Investoren viel Kapital und damit besonders große Macht und ist der Staat klein und kann nicht wie die kleineren Staaten der Europäischen Union auf Unterstützung einer Staatengemeinschaft hoffen, dann verlangen die Investoren ohne Hemmungen und unmittelbar den Abbau von Sozialleistungen des Staates, um den Schuldendienst gegenüber den Gläubigern zu bedienen. Das Beispiel der europäischen Finanzkrise der Jahre 2008 – 2012 und

Griechenland als dem Leidtragenden ist nur scheinbar ein Widerspruch (Unterstützung der Staatengemeinschaft), da hier die EU selbst im Verbund mit dem *Internationalen Währungsfonds* (*IWF*) Macht gegenüber Griechenland ausübte, um die europäischen Gläubigerbanken vor Verlusten zu schützen. Noch dreister üben internationale Investoren Druck auf Länder des globalen Südens aus und verlangen radikalen Sozialabbau, um die Schulden einzutreiben, die sie vorher großzügig als Kredite gewährt haben.

Der dem Kapitalismus allgemein innewohnende Trend zur Ungleichheit der Vermögens- und Einkommensverteilung verstärkt sich durch Senkung der Abgabenlast für Unternehmen (und Investoren) und gleichzeitigen Sozialabbau noch weiter. Die zunehmende Schuldenlast des Staates führt zu weiteren Einschränkungen für die Bürgerinnen und Bürger. Schwimmbäder und Bibliotheken werden geschlossen, die Innenstädte veröden, der Zustand der (nicht privatisierten) Infrastruktur wird schlechter. Bei den Menschen gewinnt der Eindruck eines dysfunktionalen Staates mehr und mehr Raum. Während der Staat über wenig Mittel gegen die wachsende Ungleichheit zwischen Reichtum und Armut verfügt, wird er weiter versuchen, Investoren mit (schuldenfinanzierten) Subventionen anzulocken. Er überlässt Konzernen und Finanzinvestoren Grund und Boden als Ansiedlungs- oder reine Spekulationsobjekte, er gestattet Investoren die Teilhabe an lukrativen Einrichtungen der Grundversorgung (Wasser) und fachfremden Geldgebern den Einstieg in den Gesundheits- und Pflegemarkt (als Beispiel seien die wild wuchernden sogenannten medizinischen Versorgungszentren MVZ genannt, in denen Kapitaleigner eine Gesellschaft mit angestellten Fachärzt:innen in besonders profitträchtigen Disziplinen, wie Radiologie, Augenheilkunde oder Zahnmedizin finanzieren). Und, wenn es um den Erhalt von Arbeitsplätzen geht, wird der Staat zunehmend erpressbar.

Diese Entwicklungen, die den demokratischen Staat mehr und mehr dysfunktional machen, rufen rechtspopulistische und rechtsextreme Kräfte auf den Plan. So, wie es in nahezu allen Ländern Europas, mit wenigen Ausnahmen, in den letzten Jahren geschehen ist. Dass rechte Kräfte einen Staat mit zunehmender Gestaltungsunfähigkeit noch dysfunktionaler machen, ist nicht verwunderlich, da der dysfunktionale Staat ja praktisch ihr »Geschäftsmodell« ist und ihnen die Wähler aus der bürgerlichen Mitte zuführt. Der demokratische Staat reagiert mit einer Renationalisierung, er stellt die eigenen Interessen über die Kooperation mit anderen Staaten und überstaatlichen Einrichtungen (»Make *my country* great again!«). Er führt Zölle ein und schließt vielleicht seine Grenzen. Wenn er hiermit zu weit gegangen sein wird, werden ihn die Großinvestoren sicher im Sinne ihrer Interessen zu einigen wenigen Korrekturen veranlassen können. Dennoch besteht unübersehbar die Gefahr, dass er sich weiter zu einer »illiberalen« Demokratie, gegebenenfalls zu einer Autokratie entwickeln wird.

Ist diese - bewusst etwas plakativ erzählte – Dystopie irreal? Vielleicht heute (noch) nicht in Deutschland. Aber sie war ein gutes Stück real im Polen der *PiS-Regierung* und sie ist ein gutes Stück real in Ungarn. Rechtspopulisten und Rechtsextreme führen Regierungen in den Niederlanden, in Italien und eventuell bald in Österreich an. Sie sind vertreten in Koalitionen in Schweden, Finnland, Kroatien und der Slowakei. In zwei Jahren (2027) finden in Frankreich Präsidentschaftswahlen statt und vielleicht schafft es der rechtsextreme und EU-feindliche *Rassemblement National* mit Marine Le Pen diesmal auf den »Thron«. Und wer weiß, ob nicht auch in Deutschland im Jahr 2029 eine rechtsextreme Partei eine Mehrheit erreicht, die ein Regieren gegen sie praktisch unmöglich macht. Europa und die Europäische Union wären dann endgültig passé.

Das Finanzkapital wird die beschriebenen Entwicklungen ruhig abwarten. Solange seine Interessen gewahrt bleiben, kann der demokratische Staat illiberal, oligarchisch, vielleicht sogar autokratisch verfasst sein. Kann das Kapital seine Interessen durchsetzen und weiter Vorteile für die Kapitaleigner generieren, wird es seine Investitionen im Staat halten. Wenn nicht, dann zieht es weiter, das »scheue Reh«, denn es wird andere Staaten geben, die bessere Anlagemöglichkeiten bieten. Die Autokratien und illiberalen Staaten sind auf der Welt im Vormarsch. Indien hat sich unter der hindunationalistischen

Regierung Narendra Modis zu einer Wahl-Autokratie gewandelt. Insgesamt leben heute mehr Menschen in autokratischen Staaten als in demokratischen, selbst unter Einschluss der illiberal-demokratischen. Die kühne These des amerikanischen Politikwissenschaftlers Francis Fukuyama vom »Ende der Geschichte«, nach der sich die ganze Welt im Sinne westlicher Demokratie entwickeln wird, ist heute selbst Geschichte geworden.[60]

Der Kapitalismus benötigt die liberale Demokratie nicht. Allein dieser Umstand ist Kern der Bedrohung der Demokratien durch den Kapitalismus. Dem Kapitalismus genügt eine technische Infrastruktur; alles andere, was gegebenenfalls fehlt – z.B. die Genehmigung zum Abbau von Rohstoffen –, kann man dann mit »Geld« kaufen. Leidender Prototyp dieser Entwicklung ist die Demokratische Republik Kongo, in der seit Jahrzehnten westliche und chinesische Unternehmen Rohstoffe äußerst profitabel abbauen, ohne Rücksicht auf das Leben der in den Minen Arbeitenden und der Wohlfahrt der Bevölkerung im Ganzen. »Blutrotes Kobalt«[61] lautet der Titel eines Buches des US-amerikanischen Wissenschaftlers Siddarth Kara, der die Bedingungen beim Abbau des begehrten Rohstoffs Kobalt in den Minen des Kongos anschaulich beschreibt. Mit dem Untertitel »Der Kongo und die brutale Realität hinter unserem Konsum« leite ich über zum Folgekapitel, das sich mit unserer imperialen Lebensweise befasst.

Zahlen und Fakten:

- Ungleichheit 1, Reichtum in Deutschland: Die zehn reichsten Deutschen haben zusammen ein Vermögen von 238 Milliarden US-Dollar, darunter die ersten drei Dieter Schwarz (Lidl, Kaufland) 38,5, Klaus-Dieter Kühne (Kühne + Nagel) 35,3 und Reinhold Würth (Würth) und Familie 35,2 Milliarden US-Dollar.[62]
- Ungleichheit 2, Vermögensverteilung in Deutschland: Der Vermögensanteil des reichsten Zehntels der Bevölkerung beträgt 67,3 Prozent, darunter das reichste ein Prozent 35,3 Prozent. Der Vermögensanteil der ärmsten 50 Prozent der erwachsenen Bevölkerung beträgt 1,3 Prozent.[63]
- Ungleichheit 3, Armut in Deutschland: »In Deutschland waren im Jahr 2024 rund 17,6 Millionen Menschen von Armut oder sozialer Ausgrenzung bedroht. Das waren 20,9 Prozent der Bevölkerung, wie das Statistische Bundesamt (Destatis) anhand von Erstergebnissen der Erhebung zu Einkommen und Lebensbedingungen [...] mitteilt.«[64]

- Ungleichheit 4, Arm und Reich weltweit: In den Staaten der Afrikanischen Union (AU) leben insgesamt rund 30 Prozent der Menschen in extremer Armut, d.h. von weniger als 2,15 US-Dollar am Tag.[65] Die fünf weltweit reichsten Menschen besitzen zusammen ein Vermögen von 1,2 Billionen US-Dollar.[66]
- Autokratien versus Demokratien: Nach einer Bertelsmann-Studie mit Blick auf 137 untersuchte Entwicklungs- und Schwellenländer gerät die Demokratie weltweit zunehmend unter Druck: »63 Demokratien stehen zurzeit einer Mehrheit von 74 Autokratien gegenüber.«[67]

4 Kapitalismus und Moral: Unsere imperiale Lebensweise

»Wir leben auf Kosten anderer – und zwar in letzter Instanz auf Kosten ihres Lebens. [...] Die erstaunliche und erstaunlicherweise immer wachsende Produktivität der hiesigen Wirtschaft beruht maßgeblich auf der systematischen Ausbeutung der stofflichen Ressourcen und des physischen Arbeitseinsatzes – von Mensch und Natur – in anderen Teilen der Welt.«

Stephan Lessenich[68]

Schauen wir uns die Problematik der Demokratischen Republik Kongo (DR Kongo) genauer an, die im vorangegangenen Kapitel kurz Thema war. Die DR Kongo ist reich an Bodenschätzen und zugleich eines der ärmsten Länder der Erde. Besonders nachgefragt ist das Metall Kobalt, das gerade in der Informationstechnik (Smartphones) und der E-Mobilität (Batterien) eine große Rolle spielt. Aus der DR Kongo stammen 70 Prozent des Kobalts der Welt. Der Autor des bereits erwähnten Buches »Blutrotes Kobalt«, Siddharth Kara, der über moderne Sklaverei forscht, hat über mehrere Jahre trotz starker Widerstände vor Ort die Minen besucht und mit den Bergleuten und deren Familien gesprochen. Entstanden ist ein erschütternder Bericht über unsägliche Arbeits- und Lebensverhältnisse. Viele der Arbeiter in den Minen sind illegale oder halblegale »Kleinschürfer«, die mit einfachstem Werkzeug, oft mit den bloßen Händen und nicht selten unter Einsatz ihres Lebens nach dem kostbaren Rohstoff suchen um, abgespeist mit einem Hungerlohn, den Unterhalt ihrer Familien mehr schlecht als recht aufrechtzuerhalten. Kinderarbeit ist ebenfalls Realität im Kobalt-Bergbau. Der gewonnene Rohstoff wird von den Kleinschürfern über Zwischenhändler in den normalen Kreislauf eingeschleust und über die Aufbereitung und Veredlung vor Ort per Schiff an die Abnehmer in Europa, Asien und den USA transportiert. Den Hauptprofit aus dem Kobalt-Bergbau ziehen die Bergbau-Unternehmen, viele direkt oder indirekt mit europäischem, amerikanischen und chinesischen Kapital ausgestattet, die weiterverarbeitende Industrie in den Zielländern sowie die korrupten Behörden und Amtsträger vor Ort. Für die Bergleute bleibt fast nichts. »Modellprojekte für ›sauberen‹ Kobaltabbau ändern daran nichts, im Gegenteil: Durch sie wird die ›schmutzige‹ Produktion gewaschen, an der im Wortsinne kongolesisches Blut klebt, denn die Minen sind voller verschütteter Leichen«, schreibt der Ressortleiter Ausland der *taz*, Dominic Johnson, in seiner Rezension von Karas Buch.[69] Konzernen, wie *KCC* (*Kamoto Cop-*

per Company), Tochterunternehmen des Schweizer Bergbaukonzerns *Glencore*, »begnügen« sich nicht damit, die Rohstoffe aus dem Land zu bringen, sondern hinterlassen auch noch Umweltzerstörung in der Form von Kraterlandschaften und verseuchten Flüssen.[70]

Was ist »unsere imperiale Lebensweise«? Das Beispiel der DR Kongo liefert eine erste Erklärung. Unsere Smartphones sehen so »unschuldig« aus und sind es auch, denn für ihre Herstellung sind sie nicht verantwortlich. Aber das wenige Kobalt in ihnen (etwa 0,05 Gramm[71]) genügt, um uns anhand der Lieferkette aus dem Bergbau in der DR Kongo bis in die Geschäfte von *Apple* und *Samsung* eines klarzumachen: Es klebt Blut daran und es hat in der Lieferkette Arme ärmer und Reiche reicher gemacht. Geht man von einer durchschnittlichen Haltbarkeit von Handys von 4,7 Jahren aus[72] und vernachlässigt eine über den Sekundärmarkt vermittelte Weiternutzung, dann bedeutet das praktisch, dass unser »unschuldiges« Smartphone nach dieser Primärnutzung irgendwo auf einem Schrottplatz in Ghana oder Indonesien landet und das in ihm enthaltende Kobalt im Feuer verglüht, nachdem ein Kind vielleicht noch irgendetwas Verwertbares aus ihm herausgekratzt hat. Ähnliche Beispiele ließen sich für alle Produkte unseres informationstechnischen Zeitalters leicht finden. Sie leiten über zu dem Begriff »Externalisierung« und beschreiben letztlich unsere »imperiale Lebensweise«.

>*Eine Externalisierungsgesellschaft beschreibt eine Gesellschaftsstruktur oder Wirtschaftsweise, in der die Akteure für die (negativen) Auswirkungen ihres Handelns nicht aufkommen. Anstatt diese Kosten selbst zu tragen oder sie in ihren wirtschaftlichen Entscheidungen zu berücksichtigen, werden sie ›externalisiert‹, das heißt, auf externe Dritte, wie die Allgemeinheit oder zukünftige Generationen, übertragen.«*[73]

In unserem Kontext und anhand des Beispiels Smartphone und Kobalt besteht Externalisierung also in der Maximierung des Profits mittels der Auslagerung aller negativen Auswirkungen und Kosten entlang der Produktions- und Verwertungskette in ein »Außen«. Je weiter dieses Außen von der Primärnutzung des Produkts und des Profits der Kapitaleigner entfernt ist – im Beispiel also DR Kongo, Ghana, Indonesien, sehr weit weg von Deutschland –, desto besser, denn desto anonymer ist das Leiden derjenigen, die die Auswirkungen und Kosten der ausgelagerten Anteile der Wert- und Verwertungskette tatsächlich zu tragen haben. Der Kapitalismus bewirkt also, dass wir auf Kosten anderer leben, nämlich derjenigen im anonymen Außen. Nichts anderes meint der Begriff der »imperialen Lebensweise«. Der Soziologe Stephan Lessenich formuliert es so: »Das Leben in den Gesellschaften des globalen Nordens beruht genau darauf, [...] dass die negativen Effekte dieses Lebens den Gesellschaften des globalen Südens auferlegt werden.«[74] Er betrachtet die Geschichte und Gegenwart der (europäischen) Wohlstandsgesellschaften als eine Frage der Externalisierung zulasten der Menschen im globalen Süden. Letztlich ist diese Form der Externalisierung de facto nichts anderes als eine Fortsetzung *kolonialer Praktiken und imperialer Machtverhältnisse* in der Gegenwart. Die in der zitierten Definition der Externalisierungsgesellschaft genannte »Übertragung auf zukünftige Generationen« wird uns im Weiteren noch begegnen, unter anderem im Kapitel 6. Zunächst aber sollen Externalisierung und unsere imperiale Lebensweise durch weitere Aspekte und Beispiele vertieft werden.

Unser Nahrungsmittelkonsum ist in weiten Bereichen Merkmal unserer imperialen Lebensweise. Die Nahrungsmittel wachsen zu zwei Dritteln auf anderen Kontinenten.[75] Wir importieren Südfrüchte (Ananas, Bananen) und auch Gemüse, um es ganzjährig konsumieren zu können. Die Herstellung erfolgt oft auf Kosten der Wasserressourcen in Afrika und Südamerika und hat damit einen negativen Einfluss auf die Ernährung der dortigen Bevölkerung. »Auch Futtermittel, vor allem Mais und Soja, werden zum Großteil importiert. Dadurch gehen nicht nur Wälder verloren und Kleinbauern werden verdrängt, die Böden erodieren auch durch hohen Einsatz von Agrarchemikalien.«[76] Die Anbauländer für Palmöl, das praktisch ausschließlich in gigantischen Plantagen, die oft auf dem Grund von ehemaligen Regenwäldern entstanden sind, hergestellt wird, liegen ausnahmslos in Regionen des globalen Südens. Hauptproduzent ist Indonesien. Laut Informationen von *Greenpeace* und *WWF* steckt Palmöl heute in etwa jedem zweiten Produkt, das in deutschen Supermärkten zu kaufen ist.[77]

Bioethanol 1: Die Europäische Union möchte den Import von Bioethanol auf jährlich das sechsfache der bisherigen Mengen, nämlich 650.000 Tonnen steigern. »Verwendet werden soll das Ethanol in der chemischen Industrie und als Bestandteil von Biotreibstoffen für europäische Autos – zum Schaden der artenreichen Trockensavannen des Cerrado im Nordosten Brasiliens, wo der Zuckerrohranbau am stärksten expandiert. Zu den Leidtragenden gehören auch hier indigene Gemeinschaften wie die Guarani-Kaiowá im Bundesstaat Mato Grosso do Sul. Auf deren Territorien wurde illegal Zuckerrohr für den Bioethanol-Hersteller *Raízen* abgebaut, einem Joint Venture von *Shell* und *Cosan*.«[78]

Bioethanol 2: Für die Produktion von Bioethanol aus Zuckerrohr pachtete die Schweizer Firma *Addax Bioenergy*, eine Tochter des Schweizer Energiekonzerns *Addax and Oryx*, mitten in Sierra Leone 54.000 Hektar fruchtbarstes Land.[79] Die Aussicht auf die Erzeugung von Strom aus Biomasse und Einspeisung in das staatliche Energienetz begeisterte die Regierung, obwohl *Addax* das Bioethanol ganz sicher primär für den Weltmarkt erzeugen wollte. Die Investition wurde von der Weltbank mit Krediten von insgesamt 140 Millionen US-Dollar gefördert. Unter den Geldgebern waren auch deutsche Investoren, unter anderen auch die deutsche *Kreditanstalt für Wiederaufbau* (*KfW*). Doch im Sommer 2015 war Schluss. Offiziell wegen der Ebola-Epidemie. Kritiker vermuten jedoch, *Addax* habe sich verspekuliert und sei nie profitabel gewesen – auch wegen des stark gesunkenen Weltmarktpreises für Bioethanol. Nach acht Jahren hinterlässt *Addax* nichts als trockene Erde. Die Grundwasserspiegel sind gesunken und der Boden ist von Glyphosat verseucht. An Landwirtschaft ist in dem Gebiet nicht mehr zu denken. Aus dem *land grabbing* (»Landraub«) und geparkten Geld des Investors wurde für das Land eine ökologische Katastrophe.

Unternehmen der Pharmaindustrie haben jahrelang Milliardengewinne aus der Sequenzierung genetischer Informationen erzielt, die aus Ländern des globalen Südens stammen, während die Herkunftsländer leer ausgingen. »Denn gleich ob Hautcreme, Impfstoff oder Krebsmedikament: Zahlreiche kosmetische und pharmazeutische Produkte basieren auf Erbgutinformationen, die aus Pflanzen oder andere Organismen aus dem artenreichen globalen Süden stammen.« Auf der UN-Naturkonferenz COP16 im November 2024 wurde ein erster Fortschritt erreicht. Die Pharmaunternehmen wurden aufgefordert, 0,1 Prozent des Umsatzes dieser Produkte in einen Fonds einzuzahlen, der an die Herkunftsländer für Naturschutzmaßnahmen fließen und vor allem den besonders betroffenen indigenen Gemeinschaften zugutekommen soll. Da die Zahlungen auf freiwilliger Basis erfolgen, ist der Erfolg ungewiss ...

Das im Dezember 2024 unterzeichnete EU-Mercosur-Abkommen ist ein Paradebeispiel für eine rückwärtsgewandte Handelspolitik, die die koloniale Arbeitsteilung zementiert. Die Europäische Union hat sich mit den südamerikanischen Staaten des Mercosur, zu dem Brasilien, Argentinien, Paraguay und Uruguay gehören, auf ein Handelsabkommen geeinigt, das eine Freihandelszone mit rund 700 Millionen Menschen schafft. Im Prinzip (und vereinfacht) sieht das Abkommen vor, dass die Mercosur-Staaten Agrarprodukte und Rohstoffe nach Europa exportieren und Europa umgekehrt chemische Produkte und andere hoch entwickelte Produkte nach Südamerika liefert. Im Ergebnis wird durch das Abkommen weiter und in noch größerem Stil Regenwald für den Anbau von Soja und Mais gerodet (verbrannt) und die südamerikanischen Böden durch Monokulturen und Pestizideinsatz gefährdet. Profitieren werden davon u. a. Unternehmen wie *BASF* und *Bayer* mit dem Vertrieb ihrer Pflanzenschutzmittel. Zu den Verlieren des *deals* gehören das Klima und das Ziel des Aufbaus einer Industrie in Südamerika, die wenigstens ansatzweise Augenhöhe mit den europäischen Multis erarbeiten könnte.

»Für Investor*innen aus der ganzen Welt sind Böden zu einer krisensicheren Geldanlage geworden. Was wenigen Profite sichert, hat für die lokale Bevölkerung oft Vertreibung und Armut zur Folge. Auch Deutschland ist an dieser Landnahme beteiligt. [...] In Sambia hat sich beispielsweise der Berliner Investor Amatheon über 40.000 Hektar Land angeeignet. Die Deutsche Bank investierte 2009 über ihre Tochter DWS mindestens 279 Millionen Euro in Firmen, die Agrarland kaufen oder pachten. Diese Firmen verfügten so über mehr als 3 Millionen Hektar Land in Südamerika, Afrika und Südostasien. Die Ärzteversorgung Westfalen-Lippe investierte 100 Millionen US-Dollar in einen globalen Landfonds, der allein in Brasilien 133.000 Hektar Land insbesondere für riesige Sojamonokulturen aufgekauft hat.«[80]

Und auch das Internet und in Zukunft vor allem die »Künstliche Intelligenz (KI)« sind Felder, in denen unsere imperiale Lebensweise, Externalisierung und koloniale Machtstrukturen deutlich werden. Um soziale Netzwerke von »gefährlichen« Inhalten zu befreien (gefährlich im Sinne der Eigentümer der Netzwerke) oder Bilder auf ihre »moralische« Verträglichkeit (dito) zu prüfen, werden Heerscharen von Bildschirmarbeitern als »digitale Putzkolonnen«, vornehmlich aus Ländern des globalen Südens eingesetzt.[81] Und die KI ist ein Multiplikator in vielen Bereichen: beim Rohstoffabbau, bei der Stromversorgung in den Rechenzentren für das Anlernen und Korrigieren der Algorithmen, bei dem Einsatz menschlicher Arbeitskräfte für eben diese Arbeit und schlussendlich beim Energieverbrauch bei der Nutzung. Die großen Tech-Konzerne, die im Bereich der KI aktiv sind, haben bereits angekündigt, den Stromverbrauch über neu zu bauende Kernkraftwerke zu decken.

Um noch einmal auf das Geschäftsmodell zurückzukommen, das westliche Staaten und Konzerne (zuzüglich China und seiner Staatsunternehmen) in Bezug auf die Ausbeutung von Rohstoffen und Aneignung von Lebensmitteln aus Afrika und Südamerika anwenden. Dieses Geschäftsmodell sieht vereinfacht folgendermaßen aus: Die Investoren sagen zu den Südländern: »Wir gewähren euch Kredite, damit wir zusammen eure Rohstoffe abbauen können. Im Gegenzug kauft ihr uns unsere Industrieprodukte ab. So profitieren wir beide.« Das Geschäftsmodell hat nur zwei Haken: Die koloniale Arbeitsteilung bleibt erhalten, d.h., die Staaten des Südens werden auf Dauer keine eigene Industrie aufbauen können. Der zweite Haken: Die Menschen und die Natur des Südens profitieren nicht, sondern im Gegenteil, sie leiden weiter; Hunger, Krankheiten und Naturzerstörung bleiben. Die Süddeutsche Zeitung titelte in ihrer Onlineausgabe im Januar 2017 in Bezug auf die afrikanischen Rohstoffe: »Wie ein ganzer Kontinent seiner Rohstoffe beraubt wird«.[82]

Ein weiteres Beispiel, speziell aus der Europäischen Union. Wegen der Überproduktion an bestimmten Nahrungsmitteln (hier u. a. Hühnerfleisch) liefern EU-Länder ihre nicht mehr vermarktbaren Produkte (Reste der Hühnerfleischproduktion) nach Afrika. Dies zerstört die lokalen Märkte, da deren Produzenten (Hühnerzüchter) im Preiskampf mit den Dumpingpreisen der europäischen Überproduktion nicht mithalten können.

Zum Kapitelabschluss noch einige Aspekte zu Externalisierung und imperialer Lebensweise in Stichworten. Was sind die Folgen der Externalisierung? Hierzu zunächst zwei Zitate:

> »Während die ärmeren Gesellschaften mit irreversiblen Umweltschäden und sozialen Verwerfungen leben müssen, die wahlweise dem Soja-, Palmöl- oder Tabakanbau, der Baumwoll-, Sand-oder Garnelenproduktion geschuldet sind, werden ihnen zugleich systematisch Konsumchancen vorenthalten. Letztlich profitieren die reichen Gesellschaften also auch noch von dem geringeren ökologischen Fußabdruck, den das von ihnen dominierte System ungleichen Tauschs den armen Nationen beschert.«[83]

»Das Tragische hierbei ist ja, dass der globale Süden von der Produktion und dem Konsum der imperialen Lebensweise abhängig und dadurch, der Struktur des Kapitalismus sei Dank, auch auf dessen Normalbetrieb angewiesen ist.«[84]

Im ersten Zitat des Soziologen Stephan Lessenich sind drei Aspekte der Externalisierung erkennbar: Erstens führt sie zu irreversiblen Umweltschäden im Außen, dem globalen Süden. Zweitens erspart diese Verlagerung nach außen den reichen Ländern ähnliche Umweltprobleme. Und drittens enthält sie diesen Ländern auch noch eine Entwicklung hin zu einem größeren Wohlstand vor. Der japanische Philosoph Kohei Saito bringt im zweiten Zitat den zweifelsohne wichtigen Punkt zum Ausdruck, dass es nicht nur eine Abhängigkeit des globalen Südens vom kapitalistischen Norden gegeben ist, sondern dass jene Länder auch noch am ökonomischen Wohlergehen des Nordens ein fundamentales Interesse haben müssen. Letzteres erleichtert das Verständnis dafür, dass der Raubbau an den Rohstoffen dem globalen Norden so elegant und beschwerdefrei gelingt.

Wenn Externalisierung die Probleme von Wasserversorgung und Ernährung aus regionaler Landwirtschaft weiter verschärft, ist es kein Wunder, dass eine wachsende Migrationsbewegung Ländergrenzen überschreitet und auch bereits bei uns ankommt. Dass Frauen und diverse Menschen in wirtschaftlich ärmeren Ländern besonders von Ungleichheit betroffen sind und dass diese Ungleichheit durch die Externalisierung noch gesteigert wird, soll an dieser Stelle deutlich hervorgehoben werden. Letztlich ist der Kapitalismus ohnehin tendenziell ein eher patriarchales, männliches »Projekt«. Für die Philosophin Nancy Fraser ist darüber hinaus offensichtlich, dass auch die Covid-19-Pandemie ein Ergebnis kapitalistischer Externalisierung ist, deren einer Baustein, die Abholzung der Regenwälder, im Zusammenspiel mit dem Klimawandel dafür gesorgt hat, dass eine Zoonose wie eben Covid-19 entstehen konnte. Dass auch bei dieser Pandemie die südlichen Länder in Ermangelung ausreichender Impfdosen mehr gelitten haben als die Nordländer, liegt auf der Hand.

Ein letzter Aspekt trifft auf ein Thema mit großer Aktualität: Reisefreiheit und Migration. Selbstverständlich müssen diese Themen getrennt betrachtet werden, aber sie sind dennoch auf eine interessante Weise miteinander verbunden. In der Migrationsdebatte diskutieren wir im reichen Norden über die Schließung von Grenzen und eine zunehmende Abschottung gegenüber Migranten. Dabei wird übersehen, dass wir seit sehr langer Zeit bereits eine Abschottung bei der Reisefreiheit praktizieren. Während ein US-amerikanischer oder deutscher Reisepass den ungehinderten Zutritt zu fast allen Ländern der Erde ermöglicht, ist das bei einem afrikanischen Reisedokument selten der Fall. Kann z.B. ein Deutscher mit seinem Reisepass 190 Länder visafrei besuchen, ist ein Reisender aus dem Sudan auf 42

Länder beschränkt, ein solcher aus Pakistan auf nur 32 Länder.[85]

Externalisierung und unsere imperiale Lebensweise haben – neben der offenkundig ökonomischen – insbesondere eine moralische Dimension. Und diese schließt die Frage ein, ob wir uns diese Lebensweise, die uns der Kapitalismus nahelegt (aufnötigt?), beibehalten wollen oder ob wir sie und mit ihr den Kapitalismus abschaffen müssen. Um noch einmal den Soziologen Stephan Lessenich zu zitieren, der hier völlig zu Recht an den Philosophen Immanuel Kant und seinen *kategorischen Imperativ* erinnert, wenn auch in gewendeter Form:

> *»Machen wir uns nichts vor: In der Externalisierungsgesellschaft gilt die »goldene Regel«, zu welcher Kants kategorischer Imperativ popularisiert wurde, in pervertierter Form. Was du nicht willst, das man dir tu, das füg halt einem anderen zu - so lautet ihr eherner Grundsatz. Damit verwehrt sie anderen genau das, was ihre Mitglieder als mündige Bürgerinnen grundsätzlich für sich selbst in Anspruch nehmen: als nicht bevormundete, sondern freie und selbstbestimmte Subjekte zu leben.«*[86]

Einige ausgewählte Zahlen und Fakten:

- Es gibt eine Unzahl von Umweltkatastrophen, die alle mit der Externalisierung zusammenhängen. Stellvertretend sei noch einmal an eine besonders tragische erinnert. Der Name Union Carbide ist mit der Katastrophe von Bhopal verbunden, als bei einem Unfall in einer Pestizide herstellenden Fabrik einer Tochtergesellschaft in Indien und durch dessen Folgen im Jahre 1984 wahrscheinlich etwa 25.000 Menschen umkamen. Die Katastrophe von Bhopal gefährdete zeitweise die Existenz des Unternehmens. Sie löste Versuche von feindlichen Übernahmen aus und war einer von mehreren Umweltskandalen, die ihrem Ansehen schadeten.[87]
- Der auch von Deutschland geförderte Abbau von Nickel in Indonesien steht derzeit im Fokus der Betrachtung, da Nickel bei der Herstellung von Lithium-Ionen-Batterien eine besondere Bedeutung zukommt und Indonesien die weltweit größten Vorkommen besitzt. Bei diesem (wie bei allen vergleichbaren Projekten) ist insbesondere kritisch zu hinterfragen, ob der Abbau tatsächlich im Einklang mit Menschenrechten, Sozial- und Umweltstandards und Arbeitsschutz steht.[88]

- Kaffeeproduktion in Brasilien: Brasilien ist mit über 440.000 Tonnen jährlich der mit Abstand wichtigste Kaffeelieferant Deutschlands. Im brasilianischen Kaffeesektor haben fast die Hälfte aller Arbeiter:innen keinen offiziellen Arbeitsvertrag. Frauen verdienen 16 Prozent weniger als ihre männlichen Kollegen, obwohl sie im Durchschnitt einen höheren Bildungsgrad haben.[89]
- »Die Welt im Wasserstress«, lautet der Titel einer Broschüre der Organisation Brot für die Welt, in dem auf den Zusammenhang zwischen Wasserknappheit und bedrohter Ernährungssicherheit hingewiesen wird.[90]
- »Eine neue Studie des WWF zeigt, dass bereits über ein Drittel der Amazonas-Regenwälder eine kritische Kippschwelle zur Selbstzerstörung erreicht hat. Und knapp zwei Drittel der Wälder sind längst nicht mehr intakt und stabil genug, um wirklich widerstandsfähig zu sein.«[91]
- Jeder Bundesbürger wirft pro Jahr 78 Kilogramm Brot, Gemüse und Nudeln weg.[92]
- »1,3 Hektar beansprucht ein durchschnittlicher Europäer jedes Jahr für die Erzeugung der Lebensmittel, die er konsumiert, sechs Mal mehr als eine Person in Bangladesch.«[93]
- »Zwei Drittel der nicht mehr verwendeten Elektrogeräte in der EU werden nicht sachgemäß entsorgt. Trotz eines Exportverbots für Elektroschrott gelangt dieser auf vielen Wegen in Länder wie Ghana oder China.«[94]

- Mangelernährung, schlechte Gesundheitsversorgung und mangelndes Interesse der Weltöffentlichkeit am Beispiel der Tropenkrankheit Noma: »Noma ist eine infektiöse, aber nicht ansteckende bakterielle Erkrankung, die als Zahnfleischentzündung beginnt. Innerhalb von nur wenigen Tagen zerstört die Infektion Knochen und Gewebe im Gesicht. Von Noma betroffen sind vor allem Kinder unter sieben Jahren, jährlich erkranken rund 140.000 an Noma. Bis zu 90 Prozent der an Noma erkrankten Menschen sterben innerhalb der ersten zwei Wochen nach Auftreten der ersten Symptome, wenn keine Behandlung mit Antibiotika erfolgt.« Erst im November 2023 wurde Noma als (bisher) vernachlässigte Tropenkrankheit durch die Weltgesundheitsorganisation anerkannt.[95]
- Noch einmal Kongo: Die Demokratische Republik Kongo will Apple in Europa vor Gericht bringen. Der Staat im Zentrum Afrikas wirft dem Technikgiganten vor, für die Herstellung seiner Geräte Rohstoffe aus Konfliktregionen zu benutzen und deren Herkunft zu verschleiern. »Die DR Kongo beschuldigt Apple, illegale ›Blutmineralien‹ zu verwenden. Der US-Konzern widerspricht vehement - doch Experten wie lokale Aktivisten bestätigen dubiose Transportwege über Ruanda und Uganda.«[96]

5 Der Finanzkapitalismus als Kapitalismus 2.0

> »Die Hochfinanz ›verramscht‹ die Demokratie«
>
> *Michael Hudson*[97]

> »Was ist ein Einbruch in eine Bank gegen die Gründung einer Bank?«
>
> *Bertold Brecht*

Wir haben im Kapitel 1 den Begriff der »Finanztiefe« eingeführt, der das Verhältnis zwischen dem Wert der weltweit in Umlauf befindlichen Finanztransaktionen und dem Wert aller weltweit produzierten Produkte und Dienstleistungen eines Jahres – dem weltweiten Bruttoinlandsprodukt (BIP) – ausdrückt. Man kann davon ausgehen, dass dieses Verhältnis heute mindestens 50:1 beträgt. Was das bedeutet und welche Konsequenzen das für die kapitalistische Wirtschaftsweise und Gesellschaftsform hat, ist Thema dieses Kapitels.

Kapital (finanzielle Mittel) kann prinzipiell auf zwei Arten verwendet werden: Im *Realkapitalismus* werden finanzielle Mittel typischerweise für Investitionen eines Unternehmens verwendet. Das Kapital, das als »Geld« auf einem Bankkonto liegt, wird von der Bank als Kredit an ein Unternehmen vergeben, damit dieses ein Investitionsgut beschafft, z.B. eine Maschine. Aus dem Mehrertrag der Investition bezahlt das Unternehmen einen Zins, der zwischen Bank und Anleger geteilt wird. Im *Finanzkapitalismus* werden die finanziellen Mittel durch den Tausch unterschiedlicher Arten zum Selbstzweck. Getauscht werden Bankguthaben, Aktien, Anleihen, Devisen, Rohstofftitel und viele andere Finanzpapiere. Zweck des Tausches ist, durch den Handel (*Trading*) mit diesen Anlagen oder das längerfristige Halten (*Holding*) der Anlagen einen schnellen (*Trading*) oder langfristigen, aber bedeutenden (*Holding*) Gewinn zu erzielen, also in jedem Fall mit »Geld« mehr »Geld« zu erhalten (Wir erinnern uns an die Formel aus Kapitel 1: G -> G'). Im »reinen« Finanzkapitalismus fällt also der Umweg über die Realwirtschaft (Investition in Güter oder Dienstleistungen) weg. Mit den Worten des Soziologen Stephan Lessenich: »Auf den Finanzmärkten vollzieht sich die Verwertung nicht wie in der traditionellen Produktionsökonomie durch die Anlage von Geld in Produktionsmittel und Arbeitskräfte, um aus dem anschließenden Verkauf der Produkte Profit zu erzielen [...]. Stattdessen wird in Finanztitel in der Erwartung investiert, diese später zu einem höheren Preis wieder verkaufen zu können. Die Produktion der Waren entfällt, aus Geld soll unmittelbar mehr Geld werden [...].«[98]

Was bedeutet das Verhältnis von 50:1 zwischen Kapital- und Realwirtschaft bzw. zwischen Finanz- und Realkapitalismus konkret? Es bedeutet erstens und zunächst, dass der Bärenanteil der auf dem Globus vorhandenen Finanzmittel (Kapital, Vermögen) sich um sich selbst dreht – es soll aus Geld mehr Geld erzeugt werden. Es bedeutet zweitens, dass der weitaus größte Anteil der eingesetzten Finanzmittel nichts mit den Prozessen der Wertschöpfung in der Realwirtschaft zu tun hat. Interessant ist dabei aber, dass das »Spiel« auf den Finanzmärkten ein »Nullsummenspiel« ist, d. h., es gibt bei jedem Geschäft immer Gewinner und Verlierer, aber die Gesamtsumme der eingesetzten Finanzmittel ändert sich nicht. Wie aber konnte sich dann ein solches Missverhältnis zwischen der Finanz- und Realwirtschaft etablieren? Denn es gab Zeiten, in denen das Verhältnis ausgeglichen (1:1) beziehungsweise die Realwirtschaft die Wert-»Nase« vorne hatte. Die Erklärung ist zweigeteilt und sei hier nur kurz skizziert: Zunächst wurde in der Zeit und auf Drängen von US-Präsident Reagan und der britischen Premierministerin Thatcher ab Mitte der 1970er-Jahre begonnen, die Finanzmärkte mehr und mehr zu deregulieren. Neue Typen von Geschäften wurden möglich und das Trennbankensystem – Trennung von Geschäfts- und Investmentbanken in verschiedene Unternehmen - wurde abgeschafft. Vor allem aber ist es die Möglichkeit der Banken gewesen, Geld praktisch »aus dem Nichts« zu schaffen, das die Geldvermehrung angetrieben und das Verhältnis zwischen den Wirtschaftsformen immer mehr zugunsten der Finanzwirtschaft verändert haben.

Wenn eine Bank einen Kredit an ein Unternehmen oder eine Privatperson vergibt, schafft sie mit einem »Mausklick« neues Geld, denn diese Transaktion besteht lediglich in einer einzigen Buchung, nämlich mit dem Buchungssatz: »*Forderung an Kunden A* – an *Kundenkonto (Kunde A)* – Betrag xx«. Mit dieser einfachen bilanziellen Buchung ist Geld geschaffen worden, über das der Kunde A auf seinem Kundenkonto verfügen kann. Der Soziologe Aaron Sahr spricht hier zutreffenderweise vom »Keystroke-Kapitalismus«.[99] Mit Deregulierung und der Schaffung von »Geld aus dem Nichts« der Geschäftsbanken konnte die Finanzwirtschaft zu einer solch astronomischen Größe wachsen, wie es das Verhältnis von 50:1 gegenüber der Realwirtschaft ausdrückt.

Bevor wir uns mit den weiteren Konsequenzen dieses überbordenden Finanzkapitalismus befassen, möchte ich ein paar Beispiele für typische Finanztransaktionen und die Art und Weise des »aus-Geldmehr-Geld-Machens« anführen.

Ein einfaches eigenes Beispiel: Ich habe zwecks Risikostreuung ein wenig Geld in US-Dollar angelegt. Nehmen wir einmal an, es handelte sich um ursprünglich 10.000 Euro, für die ich zum Anlagezeitpunkt 10.817 US-Dollar erhalten habe. Hätte ich mit der Anlage spekulieren wollen und würde heute (11. Februar 2025) die US-Dollar wieder verkaufen, würde ich brutto 10.479 Euro erhalten (es müssten dann natürlich noch die Rückübertragungskosten der Bank abgezogen werden). Meine Brutto-Rendite aus dem Geschäft hätte 4,79 Prozent betragen. Ein Devisen-Händler, der das gleiche Geschäft, allerdings mit 10 Millionen Euro gemacht hätte, hätte ebenfalls 4,79 Prozent Rendite erzielt, aber der gewonnene Euro-Betrag betrüge stolze 479.000 Euro.

Ein großer Anteil der Finanztransaktionen entfällt auf *Derivate*. Dies sind Wertpapiere, die sich auf einen zugrunde liegenden Basiswert beziehen. Basiswerte können Aktien, Anleihen (Zinsen), Rohstoffe, Agrarprodukte und anderes mehr sein. Derivate, häufig in der Form von *Futures* oder *Options*, sind spekulative Papiere, im Grunde Wetten auf die zukünftige Entwicklung der jeweiligen Basiswerte. Hierzu ein Beispiel:

»Jemand erwartet einen Anstieg der Rohölpreise und kauft deshalb – über einen Broker – einen an der ›New York Mercantile Exchange‹ (*NYMEX*) gehandelten ›Crude Oil Future‹. Der Wert des ›Wettscheines‹ (Kontrakt) beträgt 1.000 Barrel Öl zum jeweiligen Preis, bei einem Ölpreis von 100 $ also 100.000 $.

Hinterlegen muss er beim Kauf nur eine Margin (Sicherstellung) von etwa 7%, also 7.000 $. Steigt nun der Ölpreis um 10% und damit der Wert des Future auf 110.000 $, so macht der ›Spieler‹ einen Gewinn von 143% (10.000 $ bei einem Einsatz von 7.000 $ – da auch der Einsatz rückerstattet wird, ist die Profitrate eigentlich unendlich). Sinkt der Ölpreis aber um 10%, so sind die 7.000 $ futsch und der Spekulant muss noch 3.000 $ nachzahlen.«[100]

Beliebt im Finanzmarktgeschäft sind die sogenannten »Zins-Swaps«. Auch hier wird getauscht, z.B. eine Zinsvereinbarung mit einem festen Zins gegen eine solche mit einem variablen Zins. Typischerweise wird der Halter einer Festzinsvereinbarung (als Gläubiger) in den Tausch einwilligen, wenn er steigende variable Zinsen in der Zukunft erwartet und daher in das variable Zinsgeschäft wechseln möchte, wie umgekehrt der Halter des variablen Zinspapiers (ebenfalls als Gläubiger) auf fallende Zinsen spekuliert und daher in die höher verzinste Festkondition einsteigen möchte. Handelt es sich beim Zinsswap um Zinsen aus Kreditgeschäften, sind die Erwartungen der Teilnehmer genau umgekehrt.

Allen Beispielen gemeinsam ist, dass es immer nur einer Seite der Transaktion gelingt, aus Geld mehr Geld zu machen. Es gibt einen Gewinner und einen Verlierer. Beim ersten Beispiel (meiner Risikostreuung mit US-Dollar) wäre der Gewinner jemand, der »gegen mich« auf einen fallenden Dollar gewettet hätte. Beim Beispiel mit dem Ölpreis wurde das

Gewinn-/Verlust-Spiel explizit dargestellt. Und beim Zins-Beispiel steigen die variablen Zinsen oder sie fallen, was über Gewinner und Verlierer entscheidet.

Kehren wir zurück zu den Implikationen der überbordenden Finanzwirtschaft ...

Dass die in den vorstehenden Beispielen genannten Finanzinstrumente teilweise auch in der Realwirtschaft angewendet werden, ist dann irrelevant, wenn man sich noch einmal das Verhältnis von 50:1 vergegenwärtigt. Denn es bedeutet ja, dass die Wahrscheinlichkeit, dass eine Finanztransaktion ein nur innerhalb der Finanzwirtschaft wirkendes Geschäft zum Inhalt hat, um den Faktor fünfzig höher ist, als dass die Transaktion eine Bedeutung für die Realwirtschaft, also für produzierende oder dienstleistende Unternehmen hat. Und es heißt eben auch, dass die Geldschaffung der Banken (»aus dem Nichts«) zum überwiegenden Teil als Kreditvergabe Investoren zugutekommt, die mit dem geschaffenen Geld ihrerseits in den Kapitalmarkt investieren, ohne Wirkung für die Realwirtschaft. Durch die praktisch ungebremste Kreditvergabe der Banken entstehen gleichzeitig auch unbegrenzt Schulden. Denn die Kredite (Forderungen) der einen sind die Schulden (Verbindlichkeiten) der anderen. Dass sich auch die Staaten der Welt zunehmend verschulden, ist bekannt. Und so wachsen die Vermögen und die Schulden von Unternehmen und Staaten weiter und weiter. Der Soziologe Aaron Sahr beschreibt den Zyklus wie folgt:

»Die Vermögensinflation selbst machte es außerdem immer lukrativer, Schulden zu machen, um begehrte Vermögenswerte zu kaufen und auf eine weitere Steigerung der Preise zu spekulieren [...]. Was entstand, waren paraökonomisch angetriebene, sich ›selbstverstärkende Kreisläufe aus Kreditangebot, Kreditnachfrage und Vermögenspreisen‹, deren Renditen an zwei (mehr oder weniger überlappende) Minderheiten gingen: die Eigentümer pfandfähiger und begehrter Vermögenswerte und die Leitungsebenen der Angestellten finanz- und realwirtschaftlicher Unternehmen.«[101]

Sahr weist außerdem deutlich auf die mit den wachsenden Vermögen und Schulden ebenfalls wachsende Ungleichheit hin:

»Die Entwicklung der kapitalistischen Ökonomien in Amerika und Europa ist seit den späten 1970er Jahren durch drei Auffälligkeiten geprägt: erstens ist fast Jahr für Jahr ein neuer Höchststand an privatem Vermögen zu konstatieren, zweitens beobachten wir einen Rekord nach dem anderen an privater Verschuldung und drittens sind beide - Vermögen wie Schulden - zunehmend ungleich verteilt. Der Trend zu mehr Egalität hat sich in sein Gegenteil verkehrt.«[102]

Auf das Phänomen der Ungleichheit bezieht sich auch der Ökonom Thomas Piketty in seinem Werk »Das Kapital im 20. Jahrhundert«. Er begründet mit einer einfachen Formel, dass die Ungleichheit der Vermögensverteilung stetig zunimmt, wenn die Kapitalrendite größer als das Wachstum (gemessen am Bruttoinlandsprodukt) der jeweiligen Volkswirtschaft ist, was bei den meisten Volkswirtschaften der westlichen Welt in den vergangenen Jahren zweifellos gegeben war.[103]

In dem gigantischen Betrieb des Finanzkapitalismus mischen neben den Banken (Zentralbanken, Geschäftsbanken, Fintechs = Plattformen, wie z.B. *Paypal*) auch die sogenannten »Schattenbanken« mit. Zu diesen zählen insbesondere Hedgefonds, Private Equity Fonds, Venture Capital Fonds (und auch Family Offices, siehe weiter unten im Kapitel). Diese Schattenbanken sind im Grunde große Kapitalsammelstellen. Sie investieren das eingesammelte Kapital in Anlagen mit der höchsten Rendite (Hedgefonds), in nicht börsennotierte Unternehmen (Private Equity Fonds) oder in Start-up-Unternehmen (Venture Capital Fonds). Ziel ist in allen Fällen die Profitmaximierung der Anlageerträge zugunsten der anlegenden Investoren, oft unter Eingehen großer Ausfallrisiken und mittels ausgefeilter Finanzinstrumente, von denen Aktienleerverkäufe[104] nur eine mögliche Ausprägung darstellt. In einer weiter gefassten Definition von Schattenbanken müsste man auch die großen Versicherungsunternehmen einbeziehen und ebenso die führenden Tech-Konzerne (*Apple*, *Amazon*, etc.), da alle diese Unternehmen über so hohe Finanzmittel verfügen, dass sie am Markt praktisch wie Banken auftreten können. Der Vorteil aller Schattenbanken ist ihre gegenüber den Banken geringere Regulierung.

Dass bei einem solchen System die Gefahr eines Systemzusammenbruchs besteht, ist unmittelbar einsichtig. Die gefährliche Blasenbildung im Zusammenhang mit den »Subprime-Krediten« in den USA, die die Finanzkrise der Jahre 2007-2008 auslöste und das Bankensystem ins Wanken brachte, ist noch in guter Erinnerung.[105] Der Wirtschaftswissenschaftler Tim Jackson hebt hervor: »Der Konsumkapitalismus baut auf Schulden, um das Wachstum in Gang zu halten. Expandierende Kredite erzeugen anfällige Bilanzen. Komplizierte Finanzinstrumente werden eingesetzt, um unappetitliche Risiken zu verschleiern. Wenn die Schulden aber schließlich toxisch werden, bricht das System zusammen.«[106]

Für die immer größer werdende Finanztiefe und ihre unausweichlichen Folgen – über die noch zu sprechen ist – hat der Geohistoriker Jason W. Moore den Begriff »Kapitalozän« geprägt, der eines deutlich machen soll: Nicht der Mensch (Anthropozän) prägt unser aktuelles Zeitalter, es ist der Kapitalismus, besonders in seiner Form des wuchernden Finanzkapitalismus, der unser gesamtes Leben auf diesem Planeten beherrscht und steuert.[107]

Welche Auswirkungen spüren wir durch den aufgeblähten Finanzkapitalismus im alltäglichen Leben? Im Folgenden sollen einige skizziert werden.

Frei verfügbares Kapital sucht nach Möglichkeiten, profitabel angelegt zu werden. *Reichlich* frei verfügbares Kapital sucht nach neuen Anlagemöglichkeiten und *astronomisch* frei verfügbares Kapital – wie es sich im Verhältnis Finanz- zu Realwirtschaft von 50:1 ausdrückt – erschließt sich mit Macht *neue Anlagemöglichkeiten*, auch in Bereichen, die vorher für eine Kapitalanlage nicht erschlossen waren. Wir beobachten also eine zunehmende Umwandlung von Produkten und Dienstleistungen zu »Waren«, die vorher nicht dem Kapitalregiment und dem »freien Spiel des Marktes« unterworfen waren. Staaten privatisieren Teile ihrer Infrastruktur (Bahnen, Straßen, Energieversorgung, Wasserversorgung, Post und Telekommunikation, sogar Sicherheitsorgane). Aber wir beobachten auch, dass diese Form des »zur-Ware-werdens« – der Fachbegriff lautet »Kommodifizierung« – auch viele weitere und deutlich sensiblere bzw. vulnerable Bereich des täglichen Lebens betrifft, als da wären vorrangig der Gesundheits- und Pflegebereich. Kliniken in privatwirtschaftlicher Rechtsform haben sich etabliert, desgleichen Einrichtungen der Rehabilitation und Altenpflege. In »Medizinischen Versorgungszentren (MVZ)«, deren Zahl stetig wächst, sind Fachärzte vielfach nur noch Angestellte eines sachfremden Kapitaleigners. Alles spielt sich besonders in den Städten ab, denn gleichzeitig ist die gesundheitliche und pflegerische Versorgung auf dem Land teilweise prekär. Investoren würden hierüber mit den Schultern zucken und vermutlich mitteilen, dass dort kein Markt sei, ein Investment nicht lohne. Auch bei dem derzeitigen Hype um die künstliche Intelligenz (KI) kann man fragen, ob es bei dieser darum geht, unser Denken zu kommodifizieren, wie es der politikwissenschaftlicher Achille Mbembe befürchtet.[108] Mir wäre mein Denken als Ware einfach zu vulnerabel, um sie dem kapitalistischen Haifischbecken anzuvertrauen ...

Auch der Wohnungsmarkt ist, nach dem De-facto-Ausstieg des Staates aus der Finanzierung des sozialen Wohnungsbaus, fest in kapitalistischer Hand. Sollte Wohnraum nicht eigentlich ein Grundrecht sein und nicht bloße Handelsware? Auch viele Bildungseinrichtungen sind in privater Hand, und folgt nicht auch die Einwerbung von Drittmitteln[109] an Universitäten dem Diktat der Privatwirtschaft, sprich des Kapitals?

Wenn wir mit offenen Augen durch unsere Innenstädte gehen, sind wir praktisch nur noch Konsumangeboten ausgesetzt, und diese oft in der Art einer »Monokultur« – 1-Euro-Shops, Billig-Frisiersalons und Barbershops, Nagelstudios, Smartphone-Geschäfte. Auf diese Art verkümmern unsere Zentren und es wächst der Leerstand.[110]

Das Kapital sucht permanent und systemisch nach Profiten auch da, wo es eigentlich gilt zu bewahren und Schäden zu minimieren. Beispiel Klimawandel:

»Die Mittel sind dem Kapital dabei gleich.
Auch wenn die Umweltkrise mit Klima-
wandel etc. sich weiter zuspitzt, für den
Kapitalismus ist sie nur eine Chance zur
Profitsteigerung. Mehr Waldbrände
bedeuten, dass man mehr Versicherungen
gegen Brände verkaufen kann. Mehr Heu-
schreckenplagen bedeuten mehr verkaufte
Insektenvernichtungsmittel. Und auch wenn
die Nebenwirkungen negativer Emissions-
technologien den Planeten zerfressen, für den
Kapitalismus sind sie eine Geschäftsmöglich-
keit. Man spricht deshalb auch vom Katastro-
phenkapitalismus.«[111]

Beispiel Agrarflächen: »Allein 2021 verteuerten sich die Agrarflächen innerhalb nur eines Jahres um 10,3 Prozent auf 29.545 Euro je Hektar. Ein Jahr später schon wieder um acht Prozent auf 31.911 Euro. Keine schlechte Rendite.«[112] Und der Investor einer Agrarfläche, vor die Alternative gestellt, Einkünfte aus Verpachtung für eine landwirtschaftliche Nutzung in Höhe von 300 - 800 Euro pro Hektar oder Einkünfte von 2000 - 3000 Euro für eine Photovoltaikanlage zu erhalten, weiß, welche von beiden Möglichkeiten er wählt.

Den gigantischen Reichtum einzelner Vermögender habe ich bereits mehrfach hervorgehoben. Dass die Reichen trotz der vielen Krisen immer reicher werden, hat eine aktuelle Studie der Organisation Oxfam belegt.[113] Und die immer weiter auseinandergehende

Schere zwischen Arm und Reich ist mittels der Formel von Piketty in diesem Kapitel ebenfalls begründet worden. Diese wachsende Ungleichheit kann aber auch mittels des *Cantillon-Effekts* nachgewiesen werden. Als *Cantillon-Effekt* (nach dem Ökonomen Richard Cantillon, 1680-1734) wird das Prinzip bezeichnet, nach dem sich eine Erhöhung der Geldmenge in einer Volkswirtschaft nicht gleichmäßig auf alle Bereiche verteilt, sondern in Stufen, wobei einige wenige Bereiche zuerst profitieren, viele andere später folgen und viele sogar gar nicht profitieren. Dass Reiche hier zuerst profitieren und Arme gar nicht oder sogar verlieren, ist leicht einsehbar. Reiche haben Vermögen, kommen leichter an Kredite und können unmittelbar investieren, von den Investitionen schneller profitieren, gegebenenfalls noch vor Beginn der Inflation, die bei einer Ausweitung der Geldmenge möglich ist. Auch können Reiche in Werte investieren, die von Veränderungen der Geldmenge profitieren, insbesondere Aktien und Immobilien. Hierdurch ergeben sich für vermögende Möglichkeiten des Schutzes vor einer Inflation.

In den letzten Jahren hat ein Begriff im Zusammenhang mit Vermögen in Fachkreisen breiteren Raum eingenommen; es geht um »Family Offices«. Ein Family Office ist eine Organisation – in Deutschland oft in der Rechtsform einer GmbH –, die das Vermögen eines vermögenden Menschen bzw. einer vermögenden Familie betreut, primär also dafür sorgt, dass das Vermögen möglichst wächst und vor allem im Besitz der Familie verbleibt. Family Offices haben darüber hinaus auch andere Aufgaben, z.B. die Regelung der Firmennachfolge, wenn die Familie im Besitz von Betriebsvermögen ist. Auch gibt es Konstellationen, in denen sich mehrere Familien der Dienste desselben Office bedienen, wenn sich ein eigenes Office wirtschaftlich nicht rechnet. Als Richtwert für den Einstieg in ein »Single Family Office«, deren Berater das Vermögen einer einzelnen Familie verwalten, gilt nach einer Studie des Beratungsunternehmens *Deloitte* ein Kapital von 100 Millionen Euro; ab 30 Millionen Euro lohnt sich die Inanspruchnahme der Dienste eines »Multi Family Office«.[114] Die in der Studie berücksichtigten Family Offices verwalten im Durchschnitt ein Vermögen in Höhe von 2 Billionen US-Dollar. Family Offices stehen nach Einschätzung des Beratungsunternehmens »tolle Zeiten« bevor, soll sich ihr Vermögen bis 2030 doch fast verdoppeln. Es gibt – abgesehen von Studien wie der von *Deloitte* – wenig Informationen über Interna von Family Offices, denn Verschwiegenheit ist eines der Erfolgsfaktoren dieses Geschäftsmodells. Dies leitet über zu einem anderen Geschäftsmodell der Ultrareichen: Offshore-Kapital ...

»Offshore« heißt so viel wie »jenseits der Küste«. »Bezüglich des internationalen Finanzsystems bezeichnet der Begriff Finanzdienstleistungen, die (1) nur Gebietsfremden (also nicht einheimischen Unternehmen oder Individuen) angeboten werden, die (2) nicht oder gering besteuert und reguliert werden und die (3) aufgrund ihrer juristischen Form Eigentümer-schaft oder Verbindlichkeiten unsichtbar machen.«[115] Offshore-Finanzdienstleistungen werden in »Off-shore-Inseln« angeboten, in denen sich das Kapital so richtig »wohlfühlt«, weil es von hier aus seine Geschäfte unbehelligt von staatlicher Aufsicht und Regulierung weltweit entfalten kann. Bekannte Inseln sind die Kaimaninseln, die Britischen Jungferninseln, Bermuda, Mauritius, Zypern, Liechtenstein und viele andere. Aber selbst Teile der USA, London, Luxem-burg und die Schweiz gehören zu einer Art von »Off-shore-Inseln«, die über eine gewisse (bescheidene) staatliche Regulierung verfügen. Verschwiegenheit ist das verbindende Element auch im Feld der Offshore-Finanzen und natürlich gibt es hier einen Graubereich mit Verbindungen zu Geldwäsche und organisierter Kriminalität.

Der explodierende Finanzkapitalismus setzt zuneh-mend auch die (demokratischen) Staaten unter Druck bzw. schränkt ihre Gestaltungsmöglichkeiten mehr und mehr ein. Unternehmen, die den Abbau von Arbeitsplätzen planen oder nur androhen, können auf ein wohlwollendes Entgegenkommen des Staates rechnen. Man male sich nur einmal aus, was passieren würde, wenn ein Unternehmen wie *Volkswagen* oder *Mercedes* in finanzielle Bedrängnis käme ... Arbeits-plätze werden immer deutlicher zu einem Faustpfand des Kapitals mit Nötigungspotenzial.

Die illegalen Cum-Ex- und die (immer noch nur) halblegalen Cum-Cum-Geschäfte der Banken haben deutlich demonstriert, dass auch Banken von einer kapitalistischen Gier erfasst sind und mit dieser auch vor »Raubzügen« gegen den Staat, der sie im Notfall vor der Pleite retten würde, nicht zurückschrecken.

Summa summarum muss man konstatieren, dass der Finanzkapitalismus als »Kapitalismus 2.0« ein entfesselter Kapitalismus ist, ausgestattet mit einem großen – und sogar noch wachsenden – Zerstörung- und Bedrohungspotenzial. Sein ideologischer Unterbau, seine Doktrin der »Freiheit für das Kapital ohne staatliche Fesseln« ist nicht zuletzt auf Denker wie den amerikanischen Politikwissenschaftler Francis Fukuyama zurückzuführen. Der Islamwissenschaftler Stefan Weidner beschreibt in seinem Werk »Jenseits des Westens« den in dieser Ideologie zum Ausdruck kommenden Zusammenhang zwischen der Freiheit des Kapitals und den dabei in Bedrängnis geratenen Wertvorstellungen:

»Dass Fukuyamas Theorie die ökonomische Entfesselung der neunziger Jahre ideologisch untermauert und ihr die philosophischen und anthropologischen Argumente zugeliefert hat, ist bereits gesagt. Die Entscheidungen für ›Westen‹ statt Welt und für weniger Staat statt mehr Staat gingen dabei Hand in Hand und haben inzwischen zu einer nicht mehr auflösbaren Gleichsetzung von Westen und Kapitalismus geführt, zu einer einseitigen Reduktion und Engführung des Westens auf das Schlagwort der Freiheit, die vor allem eine des Kapitals ist, oft ohne Rücksichten auf andere, ebenfalls im geografischen Westen beheimatete Wertvorstellungen. Diese Engführung hat entscheidend dazu beigetragen, dass die Idee des Westens womöglich nicht mehr zu retten ist.«[116]

Zahlen und Fakten:

- Das weltweite Bruttoinlandsprodukt (BIP) betrug im Jahr 2023 rund 105 Billionen US-Dollar. Geht man von einer Finanztiefe von 50:1 (Verhältnis zwischen Finanz- und Realwirtschaft), dann hätte das Volumen der Finanztransaktionen im gleichen Jahr etwa 5,3 Billiarden (!) US-Dollar betragen. Zum Vergleich: Das BIP Deutschlands betrug im Jahr 2023 rund 4,5 Billionen US-Dollar.[117]

- In Deutschland betrug die Kapitalrendite in den Jahren 1995-2020 durchschnittlich 6,8 Prozent (nach Preisbereinigung 5,4 Prozent), während im gleichen Zeitraum das Wirtschaftswachstum (gemessen am BIP) nur um durchschnittlich 2,3 Prozent (preisbereinigt 1,0 Prozent) zunahm.[118] Nach der »Piketty-Formel« (siehe in diesem Kapitel) hat dies massiv zur zunehmenden Ungleichheit der Vermögen beigetragen.

- Im Jahr 2023 wurden in 26 Erbschafts- und Schenkungsfällen in Deutschland aus übertragenem Vermögen von insgesamt 6,3 Milliarden Euro und einer im Normalfall anzusetzenden Steuer von 2,13 Milliarden Euro 2,12 Milliarden Euro (oder 99,7 Prozent) der Erbschafts- und Schenkungssteuer erlassen. Grundlage dafür ist die »Verschonungsbedarfsprüfung« nach § 28a des Erbschafts- und Schenkungssteuergesetzes (ErbStG).[119]

- Seit 1997 wird in Deutschland keine Vermögensteuer mehr erhoben.

- Der Finanzwissenschaftler Christoph Spengel (Universität Mannheim) hält den durch Cum-Cum-Geschäfte angerichteten Steuerschaden in Höhe von 30 Milliarden Euro eher für eine konservative Schätzung.[120]

- Der Bundesverband deutscher Banken (unterstützt durch die FDP) möchte Verbriefungen für Kredite erleichtern und damit die Kreditrisiken auf die Allgemeinheit und den Staat abwälzen.[121]

- Führende US-Banken steigen aus der »Net-Zero-Bankeninitiative« aus. Die Initiative hatte sich auf die Förderung von Investitionen in klimaschonende Projekte verständigt. »Große Teile der amerikanischen Finanzwirtschaft schwenken ein auf die Linie des designierten US-Präsidenten Donald Trump, der den Einsatz fossiler Brennstoffe wie Gas, Öl und Kohle stärken möchte. Der Konsens, die Welt nach einem festen Plan vor dem Klimakollaps zu bewahren, scheint gebrochen zu sein.«[122]

6 Enttäuschte Hoffnungen, entzauberte Mythen: Die Resilienz des Kapitalismus

>*Technische Rationalität heute ist die Rationalität der Herrschaft selbst. Sie ist der Zwangscharakter der sich selbst entfremdeten Gesellschaft.*«

Max Horkheimer, Theodor W. Adorno[123]

>*Das parasitäre Verhalten gegenüber Kollektivgütern, die zugleich unabdingbar sind und zerstört werden, ist in der Funktionsweise des kapitalistischen Wirtschaftssystems angelegt.*«

Jens Beckert[124]

Mit dem vorstehenden Zitat spielt der Soziologe Jens Beckert – nicht nur, aber primär – auf »Big Oil«, also die Unternehmen der Fossilwirtschaft, an. Denn er setzt fort: »In für das Klima besonders bedeutsamer Weise zeigt sich dies bei den Unternehmen, die ihr

Geld mit der Förderung fossiler Energieträger verdienen.« Kann man Hoffnung haben, dass die Unternehmen und Staaten, die immer noch von Kohle, Öl
und Erdgas profitieren, in absehbarer Zeit auf diese
Profite verzichten werden? Kann man Hoffnung
haben, dass ein Teil der unter der Erdoberfläche insgesamt noch vermuteten Erdölvorkommen von 2.280
Barrel (oder 360 Billionen Liter) in der Erde verbleiben
wird?[125] Man wird diese Hoffnungen aufgeben
müssen, denn die Fakten sprechen dagegen, wie ein
Artikel in der Süddeutschen Zeitung von Februar
2025 deutlich macht:[126]

- Heute wird Öl an 6000 Orten gefördert.
- Die Industrie expandiert weiter: Aktuell werden
  233 Öl- und Gasfelder erschlossen, weitere 396
  sind entdeckt und könnten bald folgen.
- Für US-Konzerne hat fossile Energie absoluten
  Vorrang; es gibt so gut wie keine Projekte, um
  erneuerbare Energien zu erzeugen.
- Auch europäische Unternehmen verabschieden
  sich langsam von Windpark- und Solarprojekten
  und folgen den US-Firmen auf dem rein fossilen
  Weg nach.
- Auch Aktionäre werden auf ein »Weiter-so«
  bestehen, denn an den Profiten partizipieren sie
  entsprechend.
- 2022 erwirtschafteten die fünf größten westlichen
  Konzerne so viel Gewinn wie nie: 6.100 US-Dollar
  pro Sekunde.

Weitere Fakten unterstreichen den negativen Befund: Derzeit verklagt der Ölkonzern *Energy Transfer* die Nichtregierungsorganisation *Greenpeace* in den USA auf 300 Millionen Dollar Schadensersatz, weil sich die Umweltaktivisten solidarisch an die Seite der indigenen Sioux in North Dakota gestellt hatten, die den Bau einer Ölpipeline durch ihr Land verhindern wollten. Aktuell beabsichtigt die deutsche Autoindustrie, die bisherige klare Fokussierung auf E-Mobilität zugunsten einer Reanimierung der Verbrennertechnologie zu relativieren.[127] Und dass fossile Energie »männlich« ist, hat sich inzwischen herumgesprochen; es wird begrifflich fixiert durch den Begriff der »Petro-Maskuliniät«. Der Psychologe und Journalist Christian Stöcker hat dazu ein Buch geschrieben (»Männer, die die Welt verbrennen«[128]). Da Männer in der Welt (leider immer noch) das Sagen haben, wird sich daran auch wenig ändern. Und der neue (männliche) amerikanische Präsident hat ja bereits die Losung für die Zukunft ausgegeben: »Drill, baby, drill!« Das fossile Zeitalter steht also nicht vor dem Aus, sondern eher vor neuer »Blüte«.

Im Dezember 2022 gründeten die Länder der Gruppe der sieben führenden Industrienationen (G7) einen »Klimaklub«. Die Idee, die auf eine Initiative des Ökonomen und Nobelpreisträgers William Nordhaus zurückgeht, sieht die Einführung eines einheitlichen CO_2-Mindestpreises durch die Mitgliedsländer und

-regionen vor und eine Sanktionierung in Form von Zöllen für alle, die keine Anstrengungen unternehmen, ihre Emissionen zu reduzieren. Derzeit ist der aus 43 Ländern bestehende Klimaklub noch eine reine Diskussionsgruppe, ein CO_2-Mindestpreis ist noch nicht vereinbart worden. Es muss allerdings befürchtet werden, dass die USA unter ihrem neuen Präsidenten entweder den Klub direkt verlässt oder eine CO_2-Preisfestsetzung blockiert. Ein Beitritt wichtiger CO_2-Emittenten wie China und Indien ist ohnehin zweifelhaft.

Kann der Ansatz der CO_2-Entfernung aus der Atmosphäre und CO_2-Speicherung im Boden (»Carbon Capture and Storage, CCS«) den Klimawandel aufhalten? Experten gehen davon aus, dass ohne CO_2-Abscheidung und -Speicherung die Klimaziele deutlich verfehlt werden. In Ergänzung zu traditionellen Formen der CO_2-Speicherung (z.B. durch Aufforstungen) werden seit einiger Zeit verschiedene technologische Lösungen erprobt. Abgesehen von offenen Fragen der sicheren Endlagerung von CO_2 im Boden besteht deren größtes Problem vor allem in der Skalierung, d. h., in der Menge an CO_2, die in Zukunft mittels einer zu entwickelnden Abscheidetechnik aus der Atmosphäre entfernt werden müsste. Aktuell machen die technischen Ansätze insgesamt nur 0,01 Prozent der gesamten CO_2-Entnahmen aus.[129] Sie müssten bis zur Jahrhundertmitte auf jährliche Entnahmen von bis zu 9 Gigatonnen CO_2 gesteigert werden, ein nicht sehr realistisches Ziel. Auch deshalb nicht, weil die fossile Industrie der zusätzlich und parallel zwingend notwendigen CO_2-Reduzierung im Wege steht. Es gibt noch weitere Gründe, die technologische Lösungen fraglich erscheinen lassen. Zwei nennt der Soziologe Beckert:

> »Zweifelsohne ist technologischer Fortschritt von enormer Bedeutung für den weiteren Gang der Dinge in Sachen Klimawandel. Doch weder lassen sich Entwicklung und praktische Einsetzbarkeit von Technologien vorhersehen, noch kann man davon ausgehen, dass technologisch machbare Lösungen, so sie denn gefunden werden, dann auch politisch umgesetzt werden. Technologismus ist eine Form magischen Denkens, das vom Versagen der Strukturen der kapitalistischen Moderne angesichts des Klimawandels ablenkt und dadurch schmerzhafte Entscheidungen in der Gegenwart als unnötig erscheinen lässt.«[130]

Neben diesen Punkten, auf die Beckert mit Recht hinweist – politische Imponderabilien und Technikgläubigkeit als Vermeidungsverhalten –, besteht meines Erachtens die größte Herausforderung im Umgang mit dem Zeitfaktor. Wenn tatsächlich in zehn oder zwanzig Jahren CO_2-Speichertechnologien in der Breite einsetzbar wären, könnten bereits Kipppunkte überschritten und die Temperatur auf dem Planeten in vielen Regionen bereits so hoch sein, dass das Leben dort nicht mehr möglich wäre. Der Zeitfaktor hat noch eine andere, oft vernachlässigte Dimension.

Selbst wenn es per heute - oder in einer absehbaren Zukunft – weltweit keine CO2-Emissionen mehr geben würde (»Netto-Null«), würde die Erwärmung durch die in der Atmosphäre bereits vorhandene CO2-Menge ausreichen, um die Erwärmung durch den Verzögerungseffekt noch für Jahre oder Jahrzehnte danach weiter zu erhöhen.[131] Es ist ein gewaltiger und gefährlicher »Nachlass«, den wir heute Lebenden an die nach uns folgenden Generationen übertragen ...

An dieser Stelle sei mit einem weiteren Mythos gebrochen. Dass Deutschland (auch hier wieder stellvertretend für viele Länder des globalen Nordens) für weniger als zwei Prozent der weltweiten CO2-Emissionen verantwortlich ist, wird in Politik und Medien immer gerne hervorgehoben.[132] Verbunden damit folgt dann fast zwanghaft das Argument, dass man angesichts dieses Wertes in der deutschen Klimapolitik nicht übertreiben solle, bzw., dass andere Länder erst einmal so erfolgreich sein müssten wie Deutschland. Abgesehen von zwei Faktoren, die ab und an unterschlagen werden – zum einen die CO2-Pro-Kopf-Emissionen, bei denen Deutschland schon weiter nach oben in der Tabelle rutscht; zum anderen die lange Zeit, in der Deutschland schon auf großem »CO2-Fuß« lebt –, erhält Deutschland in der CO2-Frage ein höheres Gewicht, wenn man die Wirtschaftsleistung zugrunde legt. Denn natürlich muss man bei einer ehrlichen Vergleichsrechnung die

CO2-Emissionen mit berücksichtigen, die Deutschland bei anderen entlang der gesamten Wertschöpfungskette erzeugt, die also aufgrund unserer imperialen Lebensweise »im Außen« (siehe Kapitel 4) entstehen, durch Rohstofferzeugung für unsere Industrien und durch Externalisierung der Entsorgung. Deutschland hatte im Jahr 2023 einen Anteil von 4,26 Prozent am weltweiten Bruttoinlandsprodukt. Demzufolge wird eine realistische Verantwortung Deutschland für die weltweiten CO2-Emissionen eher im Bereich zwischen 4 und 5 Prozent liegen.

Wenden wir uns nun den Themen Strombedarf und erneuerbare Energien zu. Die Hoffnung ist, dass erneuerbare Energie (Wind, Sonne, Erdwärme, Wasserkraft) den zukünftigen Strombedarf in Zukunft vollständig abdecken werden. Ist diese Hoffnung realistisch? Auch hier ist die ehrliche Antwort: eher nein. Was sind die großen Stromnachfrager, welcher Bedarf besteht in der Zukunft?

Industrien, die heute auf fossile Energien (Erdgas) angewiesen sind, haben – je nach Anwendung – prinzipiell zwei Optionen, aus dem Bezug dieser Energien auszusteigen. Wenn sie Erdgas nur zur Deckung ihres Energiebedarfs einsetzen, können sie ihre Prozesse elektrifizieren, also mit Strom produzieren. Falls sie das Erdgas als Ausgangsstoff in ihrer Produktion benötigen, wäre ein Umstieg auf Wasserstoff, der mittels Elektrolyse unter Einsatz von Elektrizität aus erneuerbaren Energien erzeugt würde, denkbar. In beiden Fällen erhöht die sich in der beschriebenen Weise an den Klimawandel anpassende Industrie den Strombedarf.

Der weltweit wachsende Markt für Elektromobilität wird – unbeschadet der derzeitigen Rückschläge in Deutschland und Europa (siehe oben) – den Strombedarf erheblich erhöhen. Auch die Elektrifizierung des straßengebundenen Güterverkehrs wird hierzu beitragen. Nicht zu vergessen beim Strombedarf sind auch die Wärmepumpen, deren Nachfrage in Deutschland durch eine »mißglückte« Politik etwas gelitten hat.

Ein vielfach noch zu gering eingeschätzter, aber in Wirklichkeit rasant wachsender Strombedarf entsteht aus den zahlreichen Feldern der Informationstechnologie. Neue Rechenzentren entstehen, bestehende werden erweitert, Cloud-Dienste bilden einen Wachstumsmarkt, einsatzfähige Quantencomputer zeichnen sich am Horizont ab, Kryptowährungen werden zahlreicher und verschlingen eine enorme Menge an Strom.

Komplett unterbelichtet in der derzeitigen Strombedarfsplanung ist die Menge an Energie, die für die Forschung an sowie die Entwicklung und den Betrieb von Systemen der künstlichen Intelligenz (KI) benötigt wird. Jede Anfrage an das KI-Sprachmodell *ChatGPT* kostet zwischen drei und neun Wattstunden Strom und damit etwa das zehnfache einer Anfrage in einer einfachen Suchmaschine.[133]

»Prognosen gehen durch weiter steigende
Nutzerzahlen von einem Stromverbrauch der
weltweiten KI-Systeme von über 80 Tera-
wattstunden pro Jahr aus. Dies entspricht
dem Elektrizitätsbedarf von Ländern wie den
Niederlanden, Schweden oder Argentinien.
Rechenzentren verursachen heute vier bis
fünf Prozent des weltweiten Energiever-
brauchs. Schätzungen zufolge könnte dieser
in den nächsten Jahren sogar auf 30 Prozent
ansteigen.«[134]

Der Energiehunger für KI-Systeme ist so gewaltig, dass die großen Tech-Konzerne (*Google, Microsoft, Oracle, Amazon*) bereits über den Neubau von Kernkraftwerken nachdenken. Abgesehen vom gigantischen Energiehunger haben die Prozessornetzwerke der KI-Systeme auch einen gewaltigen Bedarf an Kühlwasser.

Wenn es bei all diesen Stromnutzern (Industrie, inkl. Elektrolyse, E-Mobilität, Wohnraumwärme, Informationstechnologie und Kryptowährungen) einen großen Nachfrageschub gibt, ist es relativ klar, dass dieser nicht allein durch erneuerbare Energien gedeckt werden kann, sondern dass kurz- und mittelfristig mit CO_2-emittierender fossiler Stromerzeugung ausgeholfen werden muss. Und da Investitionen in sogenannte »Brückentechnologien« (hier z.B. Gaskraftwerke) immer die Tendenz der Beständigkeit haben, muss man auch im Strombereich mit längerfristigen CO_2-Emissionen rechnen.

Sind denn wenigstens die erneuerbaren Energien umweltverträglich? Hier gilt als Antwort ein klares Jein. Abgesehen von der Grundproblematik von Sonne und Wind – die sogenannten »Dunkelflauten«, wenn weder die Sonne scheint, noch der Wind weht, und alle Formen von Speichertechnologien zumindest in der Umsetzung hinterherhinken –, sind alle Eingriffe in die Natur problematisch – eben auch die durch Anlagen für erneuerbare Energien selbst. Da ist zumindest zu nennen: der Flächenverbrauch für Windanlagen und Sonnenkollektoren, in Verbindung mit der Beeinträchtigung von Flora und Fauna.

In Deutschland werden demnächst Tausende von Windkraftanlagen am Ende ihrer Lebenszeit gegen neue, stärkere Anlagen ausgetauscht.[135] Die neuen Anlagen können nicht einfach auf dem Fundament der alten aufgerichtet werden, sondern erfordern eine neue Bodengrundierung, was zumindest den Einsatz frischen Betons (eines der klimaschädlichsten Stoffe) und in der Regel mehr Flächenbedarf impliziert. Unklar ist auch, wohin die große Menge an Altanlagen verbracht wird. Auch können bestimmte Bauteile der Windkraftanlagen wegen ihrer Bauweise als Verbundkunststoffe nicht recycelt werden und müssen verbrannt werden. Hierzu zählen vor allem die Rotorblätter, in denen außerdem Balsaholz verbaut wird, dessen Herkunft (u. a. Ecuador) ebenfalls problematisch ist.

Und an der Frage der Umweltverträglichkeit der Elektro-Autobatterie führt selbstverständlich auch kein Weg vorbei, denn der Rohstoffhunger dieser Speichertechnik ist immens: »In einer 400 Kilogramm schweren Batterie, die Volkswagen für einen Mittelklassewagen produziert, befinden sich unter anderem 126 Kilogramm Aluminium, 41 Kilogramm Nickel, 22 Kilogramm Kupfer, neun Kilogramm Kobalt und acht Kilogramm Lithium.«[136] Für ein *Sport Utility Vehicle* (SUV) werden noch deutlich mehr Rohstoffe verbaut. Wie bereits dargestellt (siehe Kapitel 4), stammen die meisten dieser Rohstoffe aus Ländern des globalen Südens und werden dort unter zum Teil fragwürdigen Arbeitsbedingungen abgebaut, ohne damit der Wohlfahrt der exportierenden Gesellschaften zu dienen. Auch der CO_2-Fußabdruck bei der Herstellung einer Autobatterie ist beträchtlich. Für eine Batterie mit einer Kapazität von 80 Kilowattstunden werden etwa 6,4 Tonnen CO_2-Äquivalente bei der Herstellung emittiert.[137]

Nicht nur für die Autobatterien, sondern insgesamt für die Energiewende spielen zahlreiche Rohstoffe eine so große Bedeutung, dass die Europäische Kommission einen Gesetzesvorschlag über kritische Rohstoffe entworfen hat, in denen 34 Rohstoffe als »kritisch«, davon 17 als »strategisch« bezeichnet werden.[138] Alle Rohstoffe werden aus afrikanischen Ländern bezogen. Kritisch sind die Rohstoffe deshalb, weil sie für die Energiewende unverzichtbar sind und daher keine Versorgungsengpässe riskiert werden sollen. Da die Nachfrage nach diesen Rohstoffen aber auch in anderen Teilen der Welt besteht (USA, China,

Südkorea, Japan), ist zu befürchten, dass es bei der Energiewende bald zu einer »gigantischen Materialschlacht«[139] kommen wird. Und absehbar ist auch, dass der Rohstoffhunger der Welt sich neue Orte erschließt, an dem die wertvollen Substanzen abgebaut werden können. Zu diesen Orten zählen: die Tiefsee, die Antarktis und die Arktis. Werden wir in einigen Jahren (neue) Kriege um Rohstoffe erleben?

Auch wenn es bei der Frage der Energiewende, die ja positiv konnotiert ist, nicht sofort ins Auge springt, auch diese ist »kapitalistisch« zu lesen, denn sie ist ein Feld, in dem in großem Stil Profit zu machen ist. Und zwar, und das ist der Trick, nicht anstatt, sondern zusätzlich zu anderen Profiten, auch zu solchen aus fossiler Energie. Das beste Beispiel sind die europäischen »Big Oil«-Konzerne *BP* und *Shell*, auch wenn sie momentan wieder klarer auf Fossil setzen. Natürlich profitieren auch viele andere an der Energiewende, denken wir nur an China und seine Marktführerschaft bei der Photovoltaik. Zu »Big Oil« ist mit der Energiewende nun »Big Energy« hinzugekommen. Der Kapitalismus weiß mit neuen Herausforderungen umzugehen.

Wenn Hoffnungen für die Erhaltung unserer Lebensgrundlagen, ein gesundes Klima und für eine realistische Energiewende zu schwinden beginnen, gibt es dann nicht wenigstens Hoffnung für die Bewahrung unserer Demokratie? Vielleicht ist es so. Aber die

Bedrängnis der Demokratie nimmt in Zeiten des Turbokapitalismus weiter zu.

Wenn wir unsere Stimme in der Wahlkabine abgeben (so wie wir es hoffentlich am 23. Februar 2025 in Deutschland getan haben), gehen wir davon aus, dass diese Stimme etwas bewirkt, nicht die einzelne, aber diese im Verbund mit den anderen Stimmen. Wir unterstellen also implizit einen handlungsfähigen Staat, einen Staat, der eine signifikante Gestaltungsmacht hat, um die Dinge im Innern wie auch im Außen zum Wohle seiner Bürger:innen zu regeln. Aber stimmt diese Annahme oder bekommt sie nicht mehr und mehr mythische Züge?

Gehen wir ein paar Fakten für diesen demokratischen Staat durch – wir nehmen als Beispiel wieder Deutschland als Staat einer »gehobenen Mittelgröße« als Vorbild (wir könnten uns aber ebenso gut auch Frankreich oder die Niederlande oder andere Länder bei der Betrachtung vor Augen führen):

- Die Wachstumsraten des Staates gehen seit Jahren zurück; die »goldenen Zeiten« von Wirtschaftsaufschwung und stetigem Wachstum der 1960er- bis in die 1990er-Jahre sind endgültig vorbei. In Deutschland stagniert das Wachstum bzw. entwickelt sich rückläufig.

- Die Verschuldung des Staates und seiner Institutionen wächst. Dies trifft nicht nur für die Haushalte von Bund und Ländern zu, sondern in gleichem Maße z.B. für die Gesundheits- und Pflegesysteme.
- Der Erhalt von hochwertigen Industriearbeitsplätzen wird zunehmend schwieriger. Investoren halten Investitionen länger zurück oder revidieren frühere Investitionspläne (Beispiel: Bau einer Chipfabrik in Magdeburg durch die Firma Intel findet nicht statt).
- Der Migrationsdruck auf den Staat nimmt weiter zu; eine Begrenzung des Zuzugs aus ungeregelter Migration wird schwieriger. Gleichzeitig erfüllt die Anwerbung von benötigten Fachkräften aus dem Ausland nicht die Erwartungen. Andere gewinnen den Wettbewerb um die fähigsten Kräfte.
- Die Klimakrise spitzt soziale Spannungen zu. Sowohl die Kosten für Maßnahmen zum Klimaschutz wie auch für solche durch Klimaschäden belasten die ärmere Hälfte der Bevölkerung überproportional.

In allen diesen Punkten erweist sich der Staat als schwach, als nicht voll handlungsfähig, auch wenn seine Repräsentanten hartnäckig anderes behaupten, nicht nur in Wahlkampfzeiten. Arbeitsplätze sind für den verschuldeten Staat ein Problem, wenn diese in Gefahr sind. Er lässt sich dann recht willig auf einen Handel mit den Kapitaleignern der betreffenden

Unternehmen ein, um Kündigungen zu vermeiden, denn am langen Ende ist es der Staat, der bei Kündigungen mit dem Bürgergeld (oder der Sozialhilfe) einspringt. »Grünes Wachstum« findet nicht im erhofften Umfang statt; Unternehmen streichen Gewinne aus »grünen Projekten« en passant ein, der Staat und die Bürger:innen profitieren wenig; andere picken sich die Rosinen aus dem Geschäft früher heraus (China mit der Photovoltaik und Batteriefertigung als Beispiel). Der (glücklicherweise) an das Völkerrecht und internationale Vereinbarungen gebundene demokratische Rechtsstaat kann bei einem steigenden Migrationsdruck auch nur recht bescheiden entgegensteuern. All das macht ihn anfällig für autoritäre und rechtspopulistische Entwicklungen, befördert durch einen Kapitalismus, dem die Wohlfahrt der Demokratie bestenfalls als Lippenbekenntnis zu entlocken ist.

Demgegenüber bilden die umfangreichen Gestaltungsmöglichkeiten des auf einer libertären Ideologie fußenden Großkapitals einen zwar gerne verschwiegenen, aber dennoch bei genauem Hinsehen klar erkennbaren Kontrast. Multimillionäre schaffen »Mikronationen« und »Privatstädte«, in denen nicht nur Steuerfreiheit herrscht, sondern auch keine herkömmlichen staatlichen Regeln greifen (siehe oben Kapitel 5 unter dem Stichwort »Offshore«).[140] Und nicht nur in instabilen Staaten wie Kolumbien, in denen ausländische Fachkräfte in abgeschirmten Sicherheitszonen leben, sondern auch innerhalb demokratischer Staaten entwickeln sich ähnliche

Zonen (»Gated Communities«) und Bereiche, in denen ein exklusives Leben für Reiche und Superreiche ermöglicht wird. Das beginnt mit Luxus-Kindertagesstätten und Privat-Internaten und endet in städtischen Bereichen, die zunehmend durch private Sicherheitskräfte und Überwachungstechnik vor dem »übergriffigen Außen« geschützt werden. In diesen Gebieten ist ein Leben ohne die Herausforderungen einer multikulturellen Gesellschaft Wirklichkeit.

Der Soziologe Stephan Lessenich beschreibt im folgenden längeren Zitat eindringlich die Abschottungsmentalität der reichen Privatleute und Staaten, auch wenn er die heute akute, eingeschränkte Handlungsmöglichkeit dieser Staaten gegen den gewachsenen Migrationsdruck zum Zeitpunkt der Entstehung seines Textes (2018) noch nicht absehen konnte:

*»Das ungleiche - hier einschließende, dort
ausschließende - Mobilitätsregime des vermeintlich ›globalen‹ Zeitalters hat der israe-
lische Soziologe Ronen Shamir auf den Punkt
einer gesellschaftlichen Doppelbewegung hin
zu bewachten Grenzen und geschlossenen
Gemeinschaften (guarded borders und gated
communities) gebracht. Oder genauer: einer
Doppelbewegung zur selektiven Bewegungs-
verhinderung. Was innergesellschaftlich die
gated communities sind – exklusive,
umzäunte und bewachte Wohnkomplexe, in
deren heiler Welt sich die Wohlhabenden
häuslich einrichten –, hat seine transnatio-
nale Entsprechung in guarded borders, sprich
in der technischen, polizeilichen und militärischen Kontrolle der Staatsgrenzen reicher
Nationen zwecks Abwehr all jener Nicht-
Staatsbürger, die Zugang zu den Wohl-
standsregionen dieser Welt suchen. Im Kleinen wie im Großen entstehen soziale Räume,
die vor der Zuflucht ›Fremder‹ geschützt
werden sollen, gesicherte Zonen der Prosperi-
tät, die sich von den Zumutungen der gesellschaftlichen Realität abzuschotten suchen.
Und über alledem schwebt die von Shamir so
genannte Kultur des Verdachts (paradigm of
suspicion): Wer an den Zäunen der Wohl-
standsinseln dieser Welt rüttelt, ist bestenfalls ein Störenfried, recht eigentlich aber
empfinden wir so jemanden als verbreche-
risch;*

wer unbefugt das traute Heim der Wohl-
standsbürger betritt, bricht in die Lebensfüh-
rung der Privilegierten ein, ja verletzt die
Unversehrtheit ihrer Lebenswelt.«[141]

Halten wir fest: Der Kapitalismus schränkt die
Gestaltungsfreiheit des Staates ein, durch Beförderung
des Klimawandels und seine sozialen Folgen, durch
steigende Verschuldung des Staates (und der Menschen), durch schwer vorhersehbare Investitionsentscheidungen der Kapitaleigner, durch einen von ihm
im »Außen« (Externalisierung, Kapitel 4) verursachten Migrationsdruck, der den Staat zwar zum Handeln zwingt, ihn aber nicht zum Handeln befähigt,
und anderes mehr. Der Kapitalismus begünstigt
dadurch autokratische und rechtspopulistische Tendenzen, weil der Staat die in ihn gelegten Erwartungen nicht (mehr) erfüllen kann. Der demokratische
Staat ist durch seine liberale Verfasstheit in seiner
Handlungsfähigkeit und Entscheidungsdynamik
einem illiberalen oder autokratischen Staat unter-
legen, was die negativen Tendenzen weiter verstärkt.
Summa summarum: Der Kapitalismus bedroht die
Demokratie in ihrer Existenz.

Und wo bleibt die Moral? Zerstört auch hier der Kapitalismus unsere Hoffnungen, die sich letztlich doch
nur als *kapitalistische Erzählungen* erweisen? Aber
sicher. Um das einzusehen, müssen wir uns einmal
selber den Spiegel vorhalten (lassen). Können wir auf
individueller Ebene etwas gegen die negativen Konse-

quenzen kapitalistischer Wirtschaftsweise, z.B. den Klimawandel tun? Viele Autoren sind diesbezüglich allerdings der Auffassung, dass es sinnlos ist, sich diesbezüglich anzustrengen. Der japanische Philosoph Kohei Saito z.B. fragt:

> Was machen Sie eigentlich gegen die Erderwärmung? Benutzen Sie nun auch eine eigene Einkaufstasche, um den Verbrauch von Plastiktüten zu reduzieren? Und anstatt Getränke in PET-Flaschen zu kaufen, tragen Sie Ihre eigene Flasche mit sich herum? Sind Sie auf ein Elektroauto umgestiegen? Ich sage es Ihnen ganz offen: Diese guten Absichten alleine sind sinnlos. Im Gegenteil, sie könnten vielleicht sogar schädlich sein. Aber wieso?[142]

... und antwortet dann:

> Der Glaube, dass der Erfolg im Kampf gegen die Erderwärmung davon abhängt, wie viel jeder Einzelne von uns tut, hält uns davon ab, die für die heutige Zeit wirklich wichtigen und mutigen Taten zu vollbringen. Er fördert stattdessen ein Konsumverhalten, das wie ein Ablasshandel funktioniert, um das Gewissen zu entlasten und die Augen vor der Realität der Krise weiter verschließen zu können. Das Kapital heuchelt uns Sorge um die Umwelt vor, und wir fallen auf dieses Greenwashing auch noch herein.

Das Argument ist schlüssig und erinnert unter anderem an die schönen CO2-Rechner der Ölkonzerne – ausgerechnet von diesen! –, die uns unseren individuellen CO_2-Fußabdruck berechnen lassen.[143] Eine ähnliche Position vertritt Soziologe Jens Beckert, wenn er ausführt: »Das Gebot der Stunde lautet also: weniger Autos, weniger Kreuzfahrten und kleinere Wohnungen. Doch dazu wird es nicht kommen. In der auf wirtschaftliches Wachstum und Konsumismus geeichten kapitalistischen Moderne ist eine politisch verordnete Schrumpfung der Wirtschaft schlicht nicht durchsetzbar.«[144]

Ja, sicher, es kommt kein Einzelner aus dem System Kapitalismus ohne Weiteres heraus, und es gilt das geflügelte Wort von Theodor W. Adorno: »Es gibt kein richtiges Leben im falschen« (aus Minima Moralia). Dennoch möchte ich uns im Wohlstand Lebenden die Selbstbespiegelung nicht in Gänze ersparen. Ausdrücklich ausnehmen muss ich einen Großteil unserer (deutschen) Bevölkerung, nämlich all jene, für die der Ausdruck »im Wohlstand leben« zynisch klingen muss, da all das, wovon ich jetzt spreche, für sie nicht in Betracht kommt, weil sie arm, armutsgefährdet sind oder sich in gefährlicher Nähe dazu befinden.

»Mein Auto, mein Haus (, idealerweise noch mein Segelboot)« ist der Deutschen – und vielen anderen – größter Wunsch, scheint mir. Und auch ich bin davon weder frei gewesen, noch bin ich es heute ganz – abgesehen vom Segelboot. Beginnen wir auch bei diesem Thema mit ein paar Fakten:

- Der Weltbestand an Kraftfahrzeugen (ohne Nutzfahrzeuge) lag 2023 bei schätzungsweise 1,3 Milliarden. Ihre Anzahl hat sich damit seit Beginn der 1980er-Jahre mehr als verfünffacht.
- In Deutschland wurden im Jahr 2022 rund 2,7 Millionen neu zugelassen.[145]
- In Deutschland waren am 1. Januar 2024 insgesamt 69 Millionen Fahrzeuge zugelassen.[146]
- Der Pkw-Bestand steigt in den letzten 20 Jahren stetig um durchschnittlich 1 Prozent.[147]
- Rund 150.000 Tonnen Mikroplastik entstehen jährlich durch Reifenabrieb auf deutschen Straßen.[148]
- Im Jahr 2023 befanden sich rund 16,3 Millionen Einfamilienhäuser in Deutschland.[149] In Einfamilienhäusern leben im Durchschnitt 1,8 Personen.[150]
- Im Jahr 1990 standen jedem Bundesbürger (jeder -bürgerin) noch knapp 35 Quadratmeter Wohnfläche zur Verfügung, 2021 waren es fast 48 Quadratmeter.[151]
- Bei der Herstellung eines Einfamilienhauses werden etwa 110 Kubikmeter Beton verbaut.[152] Bei der Herstellung von einem Kubikmeter Stahlbeton werden ungefähr 330 Kilogramm CO_2 freigesetzt. Die Hochrechnung ergibt für ein Einfamilienhaus dann einen CO_2-Ausstoß bei der Herstellung von etwa 36,3 Tonnen CO_2.

... und ganz nebenbei:
- Im Jahr 2024 gab es in der deutschsprachigen Bevölkerung rund 440.000 Personen, die eine Segeljacht oder -jolle im Haushalt besaßen.[153]

Quo vadis Individualmobilität? Es wird jedem Menschen einleuchten, dass der Trend zu immer mehr Autos – unabhängig von der Antriebstechnik – in der heutigen Form auf Dauer nicht tragbar und schon gar nicht nachhaltig ist. Das sehen wir in den Städten, das erleben wir auf den Autobahnen. Die Fahrzeuge, von denen wir uns trennen, landen irgendwann, mit Umwegen über Osteuropa in Afrika, Südamerika oder Asien, an ihrem Lebensende dann in der Schrottpresse (wenn es gut läuft) oder in der Landschaft oder sie werden verbrannt. Der Rohstoffbedarf bei ihrer Herstellung ist gigantisch und stammt vor allem aus dem Abbau in den Ländern des globalen Südens. Wir müssen uns schon individuell fragen, ob wir hier nicht bewusst gegensteuern können. Ist es – um ein gängiges Klischee zu bedienen, das aber leider einen wahren Kern enthält – wirklich erforderlich, dass wir uns ein geländegängiges mit vier Liter Hubraum ausgestattetes SUV anschaffen, um unsere Kinder sicher zur Schule zu bringen? Und wenn wir auf dem Land wohnen und in der Stadt arbeiten, können wir tatsächlich mit dem Begriff »Fahrgemeinschaft« nichts mehr anfangen, weil wir die Pendlerpauschale unbedingt »mitnehmen« möchten?

Machen wir uns nichts vor: Von jetzt aus betrachtet eher früher, als später wird es Einschränkungen der individuellen Mobilität geben müssen, und zwar aus allen Gründen, die wir bereits kennen: Verkehrsinfarkte, Feinstaubbelastungen, Fahrverbote als

Klimaschutz-Zwangsmaßnahme und andere. Die mit der individuellen Mobilität verbundene angebliche »Freiheit« ist ein Mythos, eine Erzählung der Autoindustrie, ein kapitalistischer Korruptionsversuch, ein Appell an unsere Status- und Überlegenheitsgefühle, eine letzte imperiale Geste, die wir uns mit unserem heutigen Wissen nicht mehr leisten können.

Eine glasklare psycho-soziologische Erklärung insbesondere für den SUV-Mythos bieten die Politikwissenschaftler Ulrich Brand und Markus Wissen und geben dabei auch einen dezenten Hinweis auf unsere beeinträchtigte Moral:

»Der/die SUV-FahrerIn ließe sich als die automobile Subjektivität des neoliberalen Kapitalismus begreifen. Die Polarisierung zwischen Sicherheit und Unsicherheit sowie zwischen Überlegenheit und Subalternität, wie sie mit dem SUV auf den Straßen verschärft wird, korrespondiert mit einer zunehmenden sozialen Polarisierung sowie mit der neoliberalen Diffusion marktförmiger und konkurrenzieller Mechanismen in alle gesellschaftlichen Bereiche hinein. Mehr noch, statt einfach miteinander zu korrespondieren, kokonstituieren sich das Auto und die Subjektivität seines Fahrers beziehungsweise seiner Fahrerin: Der SUV wirkt aufgrund seiner materiellen Eigenschaften verstärkend auf jene von zunehmender Konkurrenz und Rücksichtslosigkeit geprägten sozialen Verhältnisse zurück, deren Produkt er ist. Dies tut er, indem er die ihm entsprechende Subjektivität selbst mit hervorbringt.«[154]*

Können wir den Mythos vom Einfamilienhaus unter ökologischen und moralischen Gesichtspunkten aufrechterhalten? Müssen wir immer noch den Bau eines »Häuschens im Grünen« als Lebenszweck begreifen oder ist das ein Denken, das in den 1950er-Jahren stecken geblieben ist (wie anderes leider auch)? Tatsächlich ist es im heutigen Kapitalismus so, dass sich aufgrund gestiegener Bodenpreise (wesentlich aus Spekulation) und Herstellungskosten nur noch eine Minderheit den Erwerb von Wohneigentum leisten kann. Das hat allerdings den Wunsch nach einer eigenen Immobilie nicht gemindert, im Gegenteil: »Der Wunsch nach den eigenen vier Wänden wächst: Gemäß der Interhyp-Wohntraumstudie des Jahres 2021 wünschen sich rund 72 Prozent der Mieterinnen und Mieter in Deutschland eine eigene Immobilie. Das sind deutlich mehr als noch im Jahr 2019. Damals träumten etwa 66 Prozent von dem eigenen Zuhause.«[155]

Ein Einfamilienhaus, das für viele »Träumer« nach wie vor das Non-plus-ultra darstellt, ist zunächst einmal ökologisch problematisch. Für durchschnittlich 1,8 Personen (siehe die vorstehenden Fakten) wird Fläche versiegelt, es werden separate Anschlüsse für Wärmeversorgung, Wasser, Abwasser, Elektrizität und Telekommunikation gelegt und anderes mehr. Ebenso problematisch ist die zunehmende Spaltung innerhalb der Gesellschaft in Eigentümer mit großer Wohnfläche und Menschen, die in prekären Wohnverhältnissen leben. Und gesamtgesellschaftlich kann es vor dem Hintergrund großen Wohnungsmangels nicht verantwortet werden, den ungeregelten Zuwachs an Einfamilienhaussiedlungen auf dem Land weiter uneingeschränkt zuzulassen.[156] Aber auch hier steckt der kapitalistische Teufel im Detail und verhindert eine bessere, auf logischer Überlegung basierende Planung. Denn ländliche Gemeinden weisen Neubaugebiete im Rahmen ihrer Zuständigkeit für die Bauleitplanung nicht nur nach Gutdünken aus, sondern unter anderem auch mit dem Ziel, die

Situation ihrer Haushalte zu verbessern (u. a. über die Erhebung der Grundsteuer).

Wenn wir die Frage stellen, wie groß der Einfluss kapitalistischer Wirtschaftsweise auf unsere Alltags-Moral ist, kann eine neuere soziologische Studie des Frankfurter Umweltsoziologen Dennis Eversberg Aufschluss geben.[157] Eversberg hat drei Gruppen von Einstellungen zur Klimafrage identifiziert, die er »Spektren« nennt. Das »öko-soziale« Spektrum umfasst 25 Prozent der Bevölkerung, ist gebildet, lebt vorwiegend in der Stadt und befürwortet grundlegende Veränderungen im Leben aufgrund des Klimawandels. Das »konservativ-steigerungsorientierte« Spektrum, mit rund 36 Prozent das größte Spektrum, im städtischen Umfeld oder auf dem Land lebend, möchte die Wirtschaft ankurbeln, befürwortet Wirtschaftswachstum, legt Wert auf den Besitz von Eigenheim und Auto (sic! Siehe oben) und hält Klimaschutz nur für sinnvoll, »wenn man ihn [kostengünstig; C.C.] haben kann«. Das »defensiv-reaktive« Spektrum nimmt eine Abwehrhaltung ein, fühlt sich von den zahlreichen aktuellen Veränderungen überfordert und empfindet aktive Klimapolitik sogar als Bedrohung.

Es scheint mir deutlich, dass die Menschen, die dem »konservativ-steigerungsorientierten« Spektrum angehören, diejenigen sind, die das kapitalistische Mantra »Wachstum sichert Wohlstand« ganz besonders tief verinnerlicht haben. Ihre Konsum- und Besitzorientierung stellt die kapitalistische Wirtschaft-

und Gesellschaftsform nicht nur nicht in Frage, sondern befürwortet ihre weitere Deregulierung. Mich erinnert diese Haltung an den Klassiker von Erich Fromm, sein Buch mit dem Titel »Haben oder Sein«, in dem er die bereits in den 1970er-Jahren erkennbare Besitzmentalität in der Gesellschaft kritisierte und ihr das Gegenmodell des »seelischen Seins« gegenüberstellte.

Ziehen wir aus dem Vorstehenden ein Resümee, müssen wir konstatieren: Dem überaus resilienten Kapitalismus ist es in den vergangenen Jahrzehnten offenbar gelungen, einen Großteil unserer Gesellschaft(en) mit materiellen Wohltaten in einer Weise zu beeinflussen - oder muss man hier nicht ehrlicherweise von bestechen sprechen? –, dass seine Abschaffung nur gegen den erbitterten Widerstand dieser Menschen denkbar, geschweige denn umsetzbar ist. Diese Feststellung entbindet uns natürlich nicht davon, aus Verantwortung vor unserer Zukunft weiterzudenken ...

7 Was getan werden müsste, um dem Kapitalismus die Zähne zu ziehen

»Ich bin davon überzeugt, dass es nur einen Weg gibt, diese schwerwiegenden Übel [des Kapitalismus; C.C.] zu beseitigen, nämlich durch den Aufbau einer sozialistischen Wirtschaft, begleitet von einem Bildungssystem, das auf soziale Ziele ausgerichtet ist.«

Albert Einstein[158]

Wenn der Kapitalismus unsere Hoffnungen zerstört und wenn wir die Mythen, die er uns auftischt, entzaubert haben, was bleibt dann noch. Was müsste getan werden, um dem kapitalistischen Zerstörungswerk Einhalt zu gebieten? Mit Bezug auf das Schlagwort von Rosa Luxemburg »Sozialismus oder Barbarei«[159] fragt der japanische Philosoph Kohei Saito in ähnlicher Weise: »Doch wie sollen wir die ›Barbarei‹ verhindern? Sicher ist, dass uns mit einer nur schrittweisen Verbesserung die Zeit davonläuft. Welche ›mutigen‹ Maßnahmen können wir denn überhaupt ergreifen?«[160]

Dass uns die Zeit davon läuft, insbesondere bezüglich Klima und vermutlich auch Demokratie, habe ich bereits thematisiert. Und auf die »mutigen Maßnahmen«, die Saito vorschlägt, gehe ich später in diesem Kapitel noch ein. Aber eines sollte aus den bisherigen Ausführungen klar geworden sein: Nicht nur muss schnell gehandelt, es muss auch entschlossen gehandelt werden, *um den Kapitalismus vollständig abzuschaffen.* Denn nichts anderes muss das Ziel sein. Vor allem die letzten etwa vier Jahrzehnte seit dem unheimlichen Aufstieg des Finanzkapitalismus haben deutlich gemacht, dass ein »Besänftigen« oder ein Einhegen, ein Abfedern der schlimmsten Auswüchse des Kapitalismus keine Früchte trägt. Das hat sich beispielhaft in der Finanzkrise und ihren Folgen gezeigt, als Banken in den USA und Europa zulasten der Steuerzahler, der ärmeren Bevölkerung, der griechischen Bürger:innen und vieler anderer gerettet wurden. Es hat sich in der Coronakrise gezeigt, als die Länder des Südens als letzte mit Impfstoffen versorgt wurden.[161] Es hat sich in den wachsenden Ungleichheiten zwischen den Staaten und innerhalb derselben gezeigt, Ungleichheiten in Bezug auf Vermögen und Einkommen, Ernährung, Bildung, Gesundheit, Kultur, Lebensgestaltung und vieles mehr. Und es zeigt sich zunehmend an der Ignoranz der Superreichen gegenüber den Werten einer liberalen Demokratie. Im Gegenteil versuchen viele der Vordenker aus diesen Kreisen entweder die Demokratie abzuschaffen – wie es derzeit in den USA versucht wird –, oder, falls das nicht gelingt, Inseln der Privatökonomie zu schaffen, die frei von staatlicher Regulierung agieren (vgl. die Ausführungen in Kapitel 6). Und das sind nur ein paar Beispiele von sehr vielen.

Es gibt in der Literatur zahlreiche Ansätze, die sich mit Vorschlägen für ein Umsteuern *im* Kapitalismus befassen. Diese Ansätze beinhalten vor allem Ideen für die Bewältigung der Klimakrise (»Grünes Wachstum«, »Green Deal«). Seltener finden sich Vorschläge, die für eine radikale Abschaffung des Kapitalismus plädieren, also für ein gesellschaftliches Umsteuern *ohne* Kapitalismus. Letztere werden dann in der linksextremen Ecke verortet und deshalb schnell verworfen. Zwischen beiden Polen existiert noch eine dritte Gruppe von Überlegungen. Sie gehen entweder davon, aus, dass der Kapitalismus zwangsläufig an ein Ende kommen wird, argumentieren also praktisch in der Tradition von Karl Marx (»historischer Materialismus«). Oder sie schlagen eine langsame, schrittweise »Entkapitalisierung« vor, die auf ein »Nach dem Kapialismus« hinausläuft (»Postwachstum«, »Degrowth«). Ehe ich auf einige eigene Vorschläge zu sprechen komme, möchte ich kurz ein paar Anmerkungen zu dieser dritten Gruppe machen. Welcher Gruppe meine eigenen Ideen angehören, müssen die Leser:innen beurteilen. Was ich allerdings klar ablehne, sind alle Überlegungen, die den Kapitalismus als Grundlage unseres Lebens erhalten möchten oder ihn nicht als *das Grundproblem* betrachten. Das sind vor allem die in meiner »Taxonomie« zuvor genannten Ansätze der ersten Gruppe.

Die Begriffe *Postwachstum* und *Degrowth* (Wachstumsrücknahme) werden oft synonym verwendet. Beiden Ansätzen ist gemeinsam, dass sie eine Wachstumskritik vorbringen, die sich wesentlich aus der Problematik des Klimawandels mit dem Stichwort der »planetaren Grenzen« speist. Die Überlegungen auf Basis der Wachstumskritik differenzieren sich in sieben verschiedene Fokusbereiche bzw. Kritiken. So gibt es eine ökologische, eine sozial-ökonomische, eine kulturelle, eine kapitalistische, eine feministische, eine industrielle und eine auf den Nord-Süd-Gegensatz fokussierte Kritik. Die Konzentration auf jeweils einen Fokusbereich empfinde ich als nicht konsequent, da meines Erachtens alle Einzelaspekte ja durchaus relevant sind, aber diese stärker in ihren Verbindungen untereinander gedacht und besonders ihre Rückführung auf die grundlegende Kapitalismuskritik geleistet werden muss – wie schon ausgeführt.

Auch der Vorschlag der Journalistin Ulrike Herrmann, den sie in ihrem Buch »Das Ende des Kapitalismus – Warum Wachstum und Klimaschutz nicht vereinbar sind«[162] nimmt die ökologische Krise auf und verordnet dem Kapitalismus eine Kreislaufwirtschaft, die nur durch ein wirtschaftliches Schrumpfen möglich wird. Insoweit ist der Ansatz mit den Degrowth-Ansätzen deckungsgleich. Allerdings schwebt Herrmann die britische Kriegswirtschaft ab 1939 als Modell für eine schrumpfende Ökonomie mit Rationierung und staatlicher Lenkung vor, ein Modell, das unter heutigen Bedingungen nicht überzeugen kann. Und trotz des Titels bleibt unklar, ob die Autorin den Kapitalismus abschaffen möchte oder ob sie von seiner Selbstabschaffung ausgeht. Eine weitere Schwäche des Werks liegt in der Begrenzung auf Deutschland. Es wird kaum gelingen, den Kapitalismus in Deutschland zu überwinden, wenn die übrige Welt so weiter macht wie bisher.

Im Folgenden beschreibe ich skizzenhaft Maßnahmen, die zu einer kaptalismusfreien Welt(-wirtschaft) beitragen. Besonderen Wert lege ich auf die Entfernung des Finanzkapitalismus, wie wir ihn heute kennen. Nicht alle Elemente meines Vorschlags sind neu, aber in der Zusammenschau aller vielleicht schon. Dass die von mir skizzierten Maßnahmen so nicht umgesetzt werden, weil die weltweiten Rahmenbedingungen derzeit (noch) nicht reif für ein radikales antikapitalistisches Umsteuern sind, damit befasst sich das Folgekapitel. Dennoch macht es Sinn, solche Ideen immer wieder in die Diskussion zu bringen, damit sie durch die Auseinandersetzung mit den Alternativvorschlägen der systembewahrenden Vertreter aus Politik, Medien, Wirtschaft und Wissenschaft weiter reifen können. Ideen, die in der Welt sind, haben eine Überlebenschance; Ideen, die im Schrank vor sich hin dämmern, nicht.

Maßnahmen für eine kapitalismusfreie Welt, die die Lebensgrundlagen schont, die Demokratie fördert und uns weniger moralische Dilemmata hinsichtlich unserer Lebensweise beschert.

> »Die Bewältigung des Klimawandels erfordert die Demokratisierung der Weltverhältnisse.«
>
> Stefan Weidner[163]

Man möchte diesem Zitat hinzufügen, dass eine Demokratisierung der Welt für die Bewältigung *aller Probleme* erforderlich ist, die der Kapitalismus verursacht hat.

1. Geld aus dem System entfernen.

Der Finanzkapitalismus hat die Verhältnisse zwischen Finanz- und Realwirtschaft in einer Weise zugunsten der Finanzwirtschaft verschoben (Finanztiefe 50:1, siehe Kapitel 5), sodass der Bärenanteil der heutigen Kapitalerträge isoliert in der Finanzwirtschaft generiert wird, ohne Nutzen für die Realwirtschaft oder gar die Allgemeinheit. Das im System zirkulierende Finanzkapital (das »Geld«) muss deshalb aus dem System herausgenommen werden, um die Basis für eine gesunde Realwirtschaft wieder herzustellen. Selbstverständlich muss auch dafür gesorgt werden, dass eine geschrumpfte Finanzwirtschaft in Zukunft nur noch der Realwirtschaft dient und sich nicht mehr künstlich aufblähen kann (Beispiel: Finanz- und Schuldenkrise 2008). Geld aus dem System herausnehmen bedeutet zugleich, Schulden aus dem System herausnehmen.

Einzelmaßnahmen:

• Die Geldpolitik wird umgestellt: Ein Korb mit Rohstoffen für erneuerbare Energien bildet eine Referenzgröße, auf den sich ein Korb aus Währungen (US-Dollar, Euro, Yen, Renminbi) bezieht. Es gibt feste Wechselkurse zwischen den Korbwährungen einerseits und jeder Korbwährung zum Rohstoffkorb andererseits sowie zwischen jeder anderen Weltwährung zum Währungskorb. Die Definition der Rohstoffe und deren Anteile im Rohstoffkorb sowie die Fixierung aller Wechselkurse erfolgt in einem fairen demokratischen Verfahren, das nicht durch die Weltmächte (USA, China, EU) dominiert werden darf. Ziel ist unter anderem, dass rohstoffreiche Länder (gerade auch die des globalen Südens) am Wert des Rohstoffkorbs für erneuerbare Energien angemessen partizipieren.

- Mit dieser Maßnahme wird ein neues Währungssystem geschaffen, eine Art erneuerter »Goldstandard«, wie er mit dem einzigen auf Gold basierenden »Ankerrohstoff« bis zur Einführung des Systems von Bretton Woods im Jahr 1944 bestanden hatte. Die restriktive Begrenzung auf einen definierten Warenkorb mit festen Wechselkursen nimmt dem Währungssystem die Flexibilität, die zu den heutigen Exzessen des Finanzkapitalismus geführt hat.
- Alle Schulden der Länder des globalen Südens werden vollständig erlassen. Banken und Schattenbanken (z.B. Hedgefonds, Private Equity Fonds etc., vergleiche Kapitel 5), die durch diese Maßnahme »aus dem Markt gehen«, werden nicht durch Steuermittel oder Kredite künstlich gestützt; Einlagen von Privatkunden werden in dem in Europa üblichen Umfang in Höhe von maximal 100.000 Euro durch vorhandene Einlagensicherungssysteme bzw. staatliche oder überstaatliche (Weltbank) Subventionen erstattet. Für Pensionsfonds müssen gesonderte Regelungen zur Stützung der Alterssicherungssysteme getroffen werden; gleiches gilt für Rückstellungen in den Gesundheitssystemen.

- Banken werden staatlicher Kontrolle unterstellt, global tätige Banken einer global tätigen Aufsicht. Großkonzerne mit einer Marktkapitalisierung (in Aktien) von mehr als 50 Milliarden US-Dollar (die Grenze kann man diskutieren) werden enteignet und in Mitarbeiterhand übergeben. In Niederlassungen von Großkonzernen wird die lokale Bevölkerung an Unternehmensentscheidungen mitbeteiligt.
- Die Mehrzahl der Finanzinstrumente wird abgeschafft. Es wird ein »atmendes« Vollgeld-System[164] eingeführt, d.h., die Kreditvergabe der Banken basiert zum größten Teil auf vorhandenen Spareinlagen; eine Geldschaffung »aus dem Nichts« (siehe Kapitel 5) ist nur in einem zeitlich und wertmäßig eng begrenzten Korridor möglich.
- Das Eigentum an Boden wird abgeschafft; Grund und Boden werden in Gemeineigentum überführt. Die Bodenbewirtschaftung wird auf ein Pachtsystem umgestellt. Bisherige Eigentümer erhalten die Möglichkeit zur Übernahme einer Pacht für den enteigneten Boden, gegebenenfalls mit reduziertem Pachtzins anstelle einer Entschädigung.
- Unternehmen der Wohn-, Wasser-, Energie-, Post-, Telekommunikations- und Transportwirtschaft werden verstaatlicht bzw. in Gemeineigentum überführt.

2. Wirtschaft und Arbeitsleben umgestalten.

- Zu fertigende Produkte und Produktionsweisen werden in einem demokratischen Prozess durch die Bevölkerung des produzierenden Landes definiert. Das gleiche gilt für Dienstleistungen (vergleiche hierzu auch die Ausführungen von Kohei Saito[165] sowie diejenigen von Katja Wagner et al. zum Thema »Gesellschaftliche Planung statt Privateigentum«[166]).
- Preise von Produkten und Dienstleistungen werden über ihren Gebrauchswert definiert, d.h., über den Nutzen, den sie für die Gesellschaft stiften. (vgl. K. Saito[167]).
- Die Arbeitszeit wird reduziert um die Lebensqualität zu erhöhen (vgl. K. Saito[168]).
- Die tayloristische und uniforme Arbeitsteilung wird zurückgefahren, um die Kreativität innerhalb von Arbeitsprozessen zu entfalten (vgl. K. Saito[169])
- Der Fokus liegt auf systemrelevanter und gesellschaftsnützender Arbeit (vgl. K. Saito[170])

3. Grundeinkommen einführen und Grundbedarfe kostenlos anbieten.

- Einführung eines bedingungslosen Grundeinkommens.
- Der öffentliche Personennahverkehr ist kostenlos.
- Kinderbetreuung und Bildung vom Kindes- bis zum Rentenalter ist kostenlos.

- Die Gesundheitsvorsorge ist für das untere Ein-kommensdrittel der Bevölkerung kostenlos; Glei-ches gilt für die Behandlungskosten.
- Mieten sind preisgebunden (»Mietpreisdeckel«). Pächter, die Wohnraum vermieten, dürfen nur einen knapp über den Selbstkosten liegenden Mietpreis verlangen.

4. Konsum einschränken.

- Luxusgüter werden drastisch besteuert.
- Luxusgüter dürfen nicht beworben werden; Werbeetats für alle anderen Güter werden auf einen niedrigen einstelligen Prozentsatz der sons-tigen Herstellkosten begrenzt.

5. Imperiale Lebensweise aufgeben.

- Bei allen Produkten und Dienstleistungen soll eine lokale Versorgung Vorrang vor einer regionalen/nationalen Versorgung, und diese soll Vorrang vor Importen haben. Die internationale Arbeitsteilung soll auf ein vertretbares Maß reduziert werden. Lieferketten werden vollständig transparent gestaltet.
- Einführung einer Kreislaufwirtschaft für alle roh-stoffintensiven Produkte.

- Umgestaltung der Entwicklungshilfe in der Weise, dass die Bevölkerung nachweisbar profitiert und nicht die (teilweise korrupten) Eliten in den Ländern, die Entwicklungshilfe erhalten.
- Einführung eines »Klimaklubs«, in dem alle Länder vertreten sind, die sich auf verbindliche und nachprüfbare Ziele zum Klimaschutz verpflichtet haben. Staaten außerhalb des Klimaklubs werden mit hohen Strafzöllen für alle Importe belegt.
- Die Länder des globalen Südens werden in allen Entscheidungen über Belange globalen Interesses gleichberechtigt beteiligt; ihre Rohstoffe müssen den Wohlstand in ihren Ländern heben.

Woher kommt das Geld für die Durchführung und Stützung der Maßnahmen?

Wenn wir uns die mehrfach erwähnte angenommene Finanztiefe von 50:1 zwischen Finanz- und Realwirtschaft noch einmal vor Augen führen, beantwortet sich die Frage fast von alleine. Denn die »1« auf der rechten Seite des Verhältnisses steht immerhin für etwa 105 Billionen US-Dollar, dem weltweiten Bruttoinlandsprodukt (2023). Folglich beträgt der Wert der Finanzwirtschaft unfassbare 5,25 Billiarden US-Dollar. Wenn wir von dieser unvorstellbar großen Summe die den Ländern des globalen Südens erlassenen Schulden in Höhe von etwa 30 Billionen US-Dollar[171] abziehen und zusätzlich in Rechnung stellen, dass auch viele reiche und superreiche Individuen durch die beschriebenen Maßnahmen Abstriche an ihrem Vermögen hinnehmen müssen, bleiben immer noch mehrere Billiarden US-Dollar übrig.

Hier müssen die Reichen und Superreichen noch einmal – zunächst einmalig – zur Kasse gebeten werden, um die Friktionen abzufedern, die sich aus dem Übergang zu einer kapitalismusfreien Wirtschaftsform durch Arbeitslosigkeit und Neuorganisation sowie der Notwendigkeit zur Transformation der (verbleibenden) Wirtschaftsprozesse hin zur Nutzung erneuerbarer Energien und Einführung einer Kreislaufwirtschaft ergeben. Da nach einer Anpassungszeit auch den dann noch verbleibenden Vermögensmillionären klar sein müsste, dass hohe Vermögen sinnlos (und auch praktisch wertlos) sind, werden sie sich leicht von diesen großen Restvermögen trennen. Falls nicht, bleiben immer noch Vermögens- und Erbschaftsbesteuerung als Behelf auf dem Weg zu einer vermögensegalitären Gesellschaft.

Wer koordiniert und überwacht die Maßnahmen?
Hier kann aus heutiger Sicht nur eine von der Vollversammlung der Vereinten Nationen (UN) eingesetzte Koordinierungsorganisation in Betracht kommen. Bei dieser Organisation ist darauf zu achten, dass die Länder des globalen Südens mit Sitz und Stimme gleichberechtigt vertreten sind, anders als heute in der Praxis der Welthandelsorganisation (WTO).

Die skizzierten Elemente einer kapitalismusfreien (Welt-)Wirtschaft erheben natürlich keinen Anspruch auf Fehlerfreiheit oder gar Vollständigkeit. Selbstverständlich können sie verbessert und müssen weiter ausgearbeitet werden. Eine Aufgabe, die ich, wenn ich könnte, den zahlreichen Ökonomen der Welt, die immer noch an die Kraft und Notwendigkeit von Wachstum glauben, mit klarer Zielsetzung und Zeitvorgabe zuweisen würde.

8 ... und warum es nicht geschehen wird

>*Die Macht gibt nie etwas her, wenn man es nicht einfordert. Das hat sie noch nie getan und wird es niemals tun.«*

Frederick Douglass[172]

>*Den Kapitalismus in seinem Lauf halten weder Ochs noch Esel auf.«*

Der Autor, frei nach Erich Honecker

Das Motto des vorangegangenen Kapitels lautete: »So sollte es sein«. In diesem Kapitel möchte ich einen Blick in die Zukunft werfen, in dem ich Entwicklungen zeichnen werde, die mir aus heutiger Sicht realistischer erscheinen. Das passende Motto wäre hier also etwa: »So wird es wahrscheinlich kommen.«

Betrachten wir zunächst die gegenwärtige geopolitische Lage. Nicht erst seit der gerade begonnenen zweiten Amtszeit des amerikanischen Präsidenten

Donald Trump ist offensichtlich, dass die US-Administration in der Volksrepublik China ihren Hauptkonkurrenten erkennt, der ihr die uneingeschränkte Hegemonie in wirtschaftlicher, technologischer und militärischer Hinsicht streitig machen möchte. Bereits einer der Vorgänger Trumps, Barack Obama, wendete seine Aufmerksamkeit und seine strategischen Überlegungen von Europa weg und Asien und dem Pazifikraum zu. Und in der Tat ist der Aufstieg Chinas zur Weltmacht atemberaubend. Heute beherrscht China praktisch alle strategischen Technologiefelder auf Augenhöhe mit den USA. Selbst in *der* Zukunftstechnologie schlechthin, der künstlichen Intelligenz, haben die Chinesen mit dem Produkt *DeepSeek* eindruckvoll demonstriert, dass sie auch in diesem Feld ohne Frage mithalten können. In dem sich in Zukunft weiter verschärfenden Machtkampf wird Europa mehr und mehr zurückfallen und schlimmstenfalls wieder in seine Nationalstaaten zerfallen, wie es der Zustand vor Gründung der *Montanunion* (Europäische Gemeinschaft für Kohle und Stahl) im Jahr 1952 gewesen war. Dies wäre ein Europa mit auf sich allein gestellten Nationalstaaten, ein Europa, das als »Appendix« des asiatischen Großkontinents möglicherweise auch eine Politik zunehmender Aggression Russlands zu befürchten hätte.

Die Auseinandersetzung zwischen den USA und China wird auf allen Feldern geführt werden. Dabei werden die Rohstoffe eine Schlüsselrolle einnehmen. Hier kann man nicht ausschließen, dass es auch zu größeren Kriegen kommen wird, die die heutigen lokalen Kriege – wie den zwischen Runda und den Rebellen in der Demokratischen Republik Kongo – übertreffen werden.

Darüber hinaus bleiben die aktuellen Kriege und Krisenherde in der Ukraine (vielleicht droht auch hier noch ein Folgekrieg wegen der Rohstoffe des Landes), im Nahen und Mittleren Osten, in Afrika und andere weiter aktuell. Die zunehmende Militarisierung in der Welt ist ein »Krebsgeschwür«, das viele der zentralen Herausforderungen, vor der die Weltgemeinschaft steht, in den Hintergrund drängt. Es ist müßig zu erwähnen, dass sich die internationale Kriegsindustrie und ihre Kapitaleigner derzeit die Hände reiben angesichts so guter Geschäftsaussichten. Auch hier zeigt der Kapitalismus sein zerstörerisches Potenzial.

Noch einmal zurück zu den USA und der neuen Trump-Administration. Die Ankündigungen und Maßnahmen der ersten Wochen nach dem Amtsantritt der Regierung zeigen die Grundzüge eines libertären und antidemokratischen Programms deutlich auf. Die Wirtschaft soll sich freier entfalten als je zuvor. Anstatt Überlegungen anzustellen, die großen Tech-Konzerne (*Apple*, *Amazon*, *Alphabet*/*Google*, *Meta*/*Facebook*, *Microsoft*) einzuhegen, nötigenfalls zu zerschlagen, erhoffen sich ihre oligarchischen CEOs nicht nur weiterhin blendende Geschäfte, sondern nehmen direkt aktiven Einfluss auf die Politik – wie *Tesla*-Chef Elon Musk. Vizepräsident J. D. Vance forderte auf der Münchner

Sicherheitskonferenz im Februar 2025, dass die Europäer ihre Digital-Gesetzgebung ändern müssten, damit die US-Konzerne in ihren Geschäften nicht behindert werden. Deutlicher noch formuliert Detlef Esslinger in der Süddeutschen Zeitung die Aussage von Vance: »Letztlich war das nichts anderes als eine Drohung: Entweder dürfen unsere Männer wie Musk in Europa ungestört ihre Geschäfte machen, oder das war's mit der Nato.«[173]

Andere Ideen von Trump (zur Einverleibung von Grönland, Kanada, Gaza und des Panamakanals) klingen zwar absurd, sind aber vermutlich ernst gemeint und verstoßen klar gegen das Völkerrecht. Aber auch Wissenschaft und Kultur sind in den Vereinigten Staaten derzeit akut bedroht. »Einschüchterung, Geldsperre, Zensur. Mit Macht geht US-Präsident Trump gegen die Wissenschaft vor« schreibt der *Spiegel*.[174] Und der »Leuchtturm der Künste« in den USA, das *Kennedy Center for the Performing Arts* in Washington wird jetzt von Trump kontrolliert.[175] Es fragt sich, ob das Programm der neuen US-Regierung nur eine Gefahr für die betreffenden Länder und die Demokratie in den USA selbst darstellt oder ob unter diesen illiberalen Zügen auch andere (Noch-)Demokratien ins Wanken geraten können. In jedem Fall mischen sich in der aktuellen Regierungspolitik Trumps Elemente der Demokratiegefährdung mit turbokapitalistischen Ansätzen.

Die gängige These kapitalistischer Wirtschaftsweise, dass Wachstum Voraussetzung des Wohlstands für alle sei, wird immer wieder aufgefrischt. Auf die Wirtschaft einer Gesellschaft bezogen, ist sie wie folgt definiert: »Die Trickle-down-Ökonomie (von englisch trickle down ›nach unten rieseln‹ [...]) beschreibt die Überzeugung, dass der Wohlstand der Reichsten einer Gesellschaft nach und nach durch Konsum und Investitionen in die unteren Schichten der Gesellschaft durchrieseln und so zu Wirtschaftswachstum führen würde, von dem dann alle profitieren (Trickle-down-Effekt).«[176] Übertragen auf den Wohlstand der reichen Länder des globalen Nordens und das Wachstum und den Wohlstand der ärmeren Länder des globalen Südens bedeutete diese These dann sinngemäß, dass durch den Wohlstand im Norden auch Wachstum und Wohlstand in den Süden durchrieselt, daher muss der Norden weiter wachsen und Wohlstand produzieren.

War diese These bestenfalls in einigen Jahren in der zweiten Hälfte des vergangenen Jahrhunderts halbwegs plausibel – auch wenn das von namhaften Ökonomen bezweifelt wurde[177]–, fällt sie mit dem Aufkommen des Finanzkapitalismus vollends in sich zusammen. Die Reichen werden immer reicher und investieren in Finanzprodukte und nicht in die Realwirtschaft, daher kann praktisch nichts vom Norden in den Süden rieseln, um dort für einen wenigstens bescheidenen Wohlstand in der Bevölkerung zu sorgen. Ganz im Gegenteil: Der Kampf um Rohstoffe wird weiter und vermutlich noch deutlich bedrohlicher auf dem Rücken der rohstoffreichen, aber armen Länder des globalen Südens ausgetragen.

Die Verschuldung aller Staaten wird in den kommenden Jahren weiter steigen. Die Staaten verschulden sich zunehmend nicht nur aufgrund des wachsenden militärischen Bedarfs, sondern auch wegen weiterer Herausforderungen, von denen die Klimakrise eine stetig größer werdende Bedeutung erlangt. Naturkatastrophen werden zunehmen, der Schutz der Bevölkerung vor den Auswirkungen der Klimakrise wird Vorrang vor anderen Aufgaben erhalten, selbst vor den weiteren Investitionen in die Vermeidung einer sich verschärfenden Klimakrise, was nur auf den ersten Blick paradox erscheinen mag. Infrastrukturen sind marode, nicht nur in Deutschland.

Existenzgefährdend wird die Verschuldungslage aber in den Entwicklungsländern und hier vor allem in einem Kontinent. »Das Schuldenproblem konzentriert sich immer mehr auf Afrika«, gibt der Ökonom bei den Vereinten Nationen, Daniel Munevar Sastre, zu Protokoll.[178] Und weiter: »es ist ein Teufelskreis«. Dieser Teufelskreis ist leicht einsehbar beschrieben:

»Etwa 55 Prozent dieser Länder befinden sich
in einer bedrohlichen Verschuldungslage.
Das zeigen neue Daten, die die UN Ende des
vergangenen Jahres veröffentlicht haben. Das
Problem dabei: Die Länder des globalen
Südens nehmen neue Kredite zu schlechteren
Konditionen (also höheren Zinsen) auf, um
ihre bereits bestehenden Schulden abzahlen
zu können. Wenn der neue Kredit dann auch
nicht mehr bezahlt werden kann, versuchen
viele Länder, das Problem durch wieder neue
Kredite mit noch höheren Zinsen zu
lösen.«[179]

Und nun die Preisfrage: Wer gibt diesen Ländern prozentual die meisten Kredite, und zwar zu den schlechtesten Konditionen? Es ist nicht die Weltbank, es sind nicht einzelnen Staaten, es sind Privatunternehmen, allen voran Schattenbanken wie *Blackrock* oder chinesische Staatsunternehmen. Diese Privatunternehmen geben rund fünfzig Prozent der gesamten Kreditsumme an die afrikanischen Länder und verdienen sich mit Renditen von 9,8 Prozent eine »goldene Nase«.

Ist damit zu rechnen, dass sich die Situation für die betreffenden Schuldnerländer bessert? Wohl kaum.

Ein weiterer Aspekt, der in Zukunft an Bedeutung gewinnen wird, ist ein falsch verstandener Freiheitsbegriff und eine Mentalität des »give little and take much«, beide bereits stark ausgeprägt in den (noch) wohlhabenden bürgerlichen Mittelschichten im globalen Norden. Und da der Kapitalismus keine Grenzen kennt, werden Einstellungen und Mentalität des Nordens auch in die aufsteigenden Klassen in den Entwicklungs- und Schwellenländer hinüberschwappen.

Falsch verstandene Freiheit kann man täglich bei uns beobachten. Sie zeigt sich in dem heftigen Widerstand in vielen bürgerlichen Kreisen gegen die Einführung einer Geschwindigkeitsbegrenzung auf Autobahnen und im innerstädtischen Verkehr. Hier sind jetzt nicht die Lobbyisten der Automobilindustrie gemeint, sondern tatsächlich die bürgerlichen Autofahrer auf den Straßen vor, hinter und neben uns. Sie zeigt sich auch bei der aggressiven Gegenwehr von Autofahrern gegen Störaktionen von Mitgliedern der (ehemals sogenannten) »Letzten Generation«. Sie zeigt sich im erbitterten Widerstand gegen jede Art von vermeintlich freiheitsbeschränkendem Eingriff oder auch nur Vorschlag staatlicher Organe, sei es zum Heizungsgesetz oder (schon etwas länger her) zur Einführung eines »Veggie-Days« in deutschen Kantinen. Die Freiheit, die hier in Anspruch genommen wird, ist eine Freiheit des Individuums, die übergreifende Belange der Gemeinschaft oder auch nur anderer Individuen übersieht oder schlicht in Abrede stellt. Bei der zu erwartenden Verschärfung der Krisen der Welt werden die bürgerlichen Mittelschichten (selbstverständlich sind hier nicht alle Menschen in diesen Schichten gemeint) umso mehr auf ihr »Recht zur freien Enfaltung« drängen, eine häufig petro-maskuline Ausprägung dieser Entfaltung, die eine apokalyptische Grundstimmung in den Gesellschaften eher noch befördern würde, getreu dem Motto: »Lassen wir es noch einmal richtig krachen!« Ein Motto, das die Herzen in den Chefetagen der einschlägigen Unternehmen höherschlagen lässt.

Was wird noch geschehen? Wie werden sich die Menschen im globalen Süden verhalten, wenn die Krisen der Welt ihre Zukunftsperspektiven immer mehr verdunkeln? Konzentrieren wir uns auch hierbei auf Afrika, stellvertretend für andere Regionen des globalen Südens:

> *»Auf dem zweitgrößten Erdteil leben mehr als 1,4 Milliarden Menschen, mehr als eine Milliarde davon südlich der Sahara. Etwa 70 Prozent von ihnen sind jünger als 30 Jahre [und 40 Prozent sind sogar jünger als 15 Jahre! C.C.[180]]. 2050 wird Schätzungen zufolge ein Viertel der Menschheit hier leben.«[181]*

Durch die zahllosen Kriege und kriegerischen Auseinandersetzungen, durch Gewalt, Hunger und Umweltkatastrophen sind heute schon mehr als 40 Millionen Menschen südlich der Sahara auf der Flucht. Und es werden zunehmend mehr. Die junge Bevölkerung in Afrika ist gut vernetzt und stärker politisiert als früher.[182] Es gibt mehr Kritik und Widerstand gegen die rücksichtslose Ausbeutung der Rohstoffe durch den kapitalistischen Westen. Und dann ist da noch die wachsende Verschuldung der afrikanischen Länder. So beträgt z.B. die Verschuldung des Sudan gemessen an seinem Bruttoinlandsprodukt 316 Prozent.[183] Aus diesen drei Trends, der wachsenden Fluchtbewegung, der zunehmenden Politisierung junger Menschen und der Verschuldungskrise in Afrika werden sehr wahrscheinlich Aufstände und Revolten entstehen, die auch in Europa zu spüren sein werden, zumindest durch einen größer werdenden Zustrom von Menschen und eine Destabilisierung des Banken- und Schattenbankensystems aufgrund einer Zunahme von Kreditausfällen der Länder, die insolvent werden.

Auch im Norden könnte die Lage kippen. In den Ländern des globalen Nordens wird die zunehmende Verschuldung sowohl der Staaten als auch der Privatpersonen ebenfalls zu größeren Problemen führen. Nicht zuletzt wird der durch die Verschuldung immer geringer werdende Gestaltungsspielraum der Staaten zu weiterer Unzufriedenheit mit deren demokratischer Verfasstheit führen. Preissteigerungen und Druck auf Löhne und Gehälter werden größere Teile aus der Mittelschicht in Richtung Armutsgefährdung und Armut drücken. Die Sozialausgaben des Staates werden aufgrund einer vom Kapital erzwungenen Austeritätspolitik (»Sparen zur Begleichung der Schulden«) schrumpfen, was die Armut weiter erhöht. Rechtspopulisten werden zunehmend an Einfluss gewinnen, die ehemals liberalen Staaten werden autoritärer und oligarchischer. Die Spaltung der

Gesellschaften wird sich vertiefen, sodass vermutlich auch in den Nordländern wilde Streiks, spontane Demonstrationen und ziviler Ungehorsam die Staaten in große Bedrängnis bringen werden.

Ich möchte hier keine Apokalypse an den Horizont projizieren und hoffe, dass ich in dieser Hinsicht den Leser/die Leserin bis jetzt nicht verloren habe. Daher werde ich an dieser Stelle auch keine Prognose wagen, wie sich der Klimawandel in Zukunft entwickeln wird. Mir ging es im vorliegenden Kapitel *nur* um die Frage, wie sich der Kapitalismus als Urgrund aller Krisen unserer Tage weiter entwickeln wird und wie er diese Krisen mit großer Wahrscheinlichkeit weiter zuspitzen wird. Dass diese Zuspitzung der Krisen den Kapitalismus mit Sicherheit auch in seiner Existenz selbst bedrohen, ist ein bekanntes Phänomen aus der Geschichte dieser Wirtschaftsform, wenn wir an die zahlreichen Krisen der letzten 200 Jahre denken. Ob sich der Kapitalismus auch vor dem Hintergrund der vorstehend skizzierten Krisenzuspitzung als resilient genug erweist, sich weiter anpasst und wieder einmal überlebt, kann hier nicht beantwortet werden ...

Das folgende Zitat des Arbeitsministers der früheren Syriza-Regierung in Griechenland, Georgos Katrouga-los, ist als Nachbereitung der griechischen Schulden-krise zu verstehen, in der sich die griechische Bevölkerung mit großer Mehrheit gegen die durch die

EU und die Europäische Zentralbank verordnete Austeritätspolitik wandte.

> »Wenn wir die Wirtschaftspolitik nicht durch
> Wahlen ändern können, dann haben Wahlen
> keine Bedeutung, und es ist nutzlos zu
> wählen.« Georgos Katrougalos[184]

Es wäre zu wünschen, dass in Wahlen generell die Möglichkeit bestünde, eine bestehende Wirtschaftspolitik auch fundamental zu ändern, z.b. den Kapitalismus abzuschaffen. Dazu müsste es natürlich auch Parteien geben, die dies planten. Aber auch sonst ist Wählen natürlich eher Pflicht als Option und niemals nutzlos.

9 Ausstieg

»Always Look on the Bright Side of Life«

Eric Idle, Monty Pythons

Wenn weder die These, dass der Kapitalismus in einem geordneten Prozess zugunsten eines besseren Gesellschaftssystems abgeschafft werden kann (Kapitel 7), noch die Antithese, dass er sich selbst dadurch abschafft, dass er der Welt chaotische Verhältnisse beschert (Kapitel 8), gibt es dann eine vernünftig denkbare Synthese? Oder ganz undialektisch: Gibt es eine dritte Möglichkeit? Ich denke, es wird diese Alternative geben, schlicht deshalb, weil es sie geben muss! Und es ist unsere Aufgabe, nicht abzuwarten, bis sich die Dinge – wie in Kapitel 8 prognostiziert – stetig verschlechtern, sondern hier und jetzt aktiv zu werden und Lösungen zu entwickeln, und zwar jeder so, wie kann. Ein paar Ansätze dazu möchte ich in diesem Kapitel vorstellen.

Die Klimakrise, der Artenschwund und die Naturzerstörung müssen vorrangig und nach Kräften aufgehalten werden. Immer mit dem Blick auf die Ursachen, die in der Profitgier und Zerstörungswut der kapitalistischen Wirtschaftsweise liegen. Und hier liegen die Ansatzpunkte. Jeder/jede kann sich z.B. bei einer Nichtregierungsorganisation engagieren; ein eher traditioneller Einsatz, aber dennoch zu empfehlen. Als Beispiele seien genannt (ohne Vollständigkeit und, ohne dass ich für die Empfehlungen vergütet werde): *Greenpeace*[185], *World Wildlife Fund for Nature*[186], *Fridays for Future*[187], *Letzte Generation vor den Kipppunkten*[188], *Deutsche Umwelthilfe*[189]. *Greenpeace* und die *Letzte Generation* sind bekannt für ihre teils spektakulären Aktionen. Und alle – auch die hier nicht genannten – freuen sich natürlich auch über Spenden, wenn eine aktive Mitarbeit nicht infrage kommt.

Zur *Letzten Generation* noch eine Anmerkung: Dass gegen deren Aktivisten von der Staatsanwaltschaft in München mit dem Verdacht der Bildung einer »kriminellen Vereinigung« nach Paragraf 129 des Strafgesetzbuchs ermittelt wird, ist schon ein deftiger Skandal. Damit werden engagierte Klimaschutzaktivitäten mit kriminellen Umtrieben rechtsradikaler Gruppen auf eine Stufe gestellt. Ist Justitia in dieser Angelegenheit nur in Bayern blind oder zeigt sich hier bereits eine weiter reichende Tendenz?

Was man aber auch machen könnte (vieles Mögliche kann ich hier nicht empfehlen, da sonst der Staatsanwalt kommt ...), wäre als Beispiel stellvertretend für Ähnliches: Man setzt einen Serienbrief an Politiker (Unternehmer, Wissenschaftler, Kulturschaffende, Medienschaffende usw.) auf und fragt diese

Personen in diesem Schreiben, 1. was sie persönlich für den Klimaschutz etc. tun, 2. was sie in ihrer Organisation für den Klimaschutz etc. veranlassen, 3. wie viel sie im Jahr durchschnittlich für den Klimaschutz etc. spenden und 4. was sie gegen die imperiale Lebensweise in unserer reichen Gesellschaft konkret unternehmen, wobei man den Begriff natürlich kurz erläutern muss. Wenn man etwa einhundert solcher Briefe losgeschickt hat, und dann vielleicht zwanzig oder dreißig Antworten zurückerhält, wird man über die Antworten durchaus staunen – das ist bei vergleichbaren Schreiben jedenfalls meine Erfahrung. Und, man lernt eine Menge darüber, wie die »Eliten« – ich muss diesen Begriff jetzt hier doch einmal verwenden, obwohl ich ihn nicht mag - in unserem Land denken und wie sie mit diesem lebenswichtigen Thema umgehen. Außerdem ist ein Schreiben wie dieses – unbedingt klassisch als Brief bei der Post aufgeben, nicht als E-Mail! – eine Art Störenfried, der den Büroalltag der Empfänger ein ganz wenig durcheinanderbringt. Und natürlich muss man auch bei denen, die nicht antworten, ruhig zwei-, dreimal nachfassen und sie an eine Rückantwort erinnern, das erhöht dann auch den Störfaktor.

Es seien an dieser Stelle noch einige weitere Organisationen genannt, die den Schwerpunkt ihrer Arbeit auf andere Themen richten und sich ebenfalls über jede Unterstützung freuen – auch hier wieder nur eine kleine subjektive Auswahl von mir: *Oxfam*[190] (fokussiert u. a. auf Ungleichheit), *Finanzwende*[191] (versteht sich als Gegengewicht zur Finanzlobby), *Human Rights Watch*[192] (der Name ist Programm), *Deutsches Institut für Menschenrechte*[193] (ebenso), *Amnesty International*[194] (ebenso), *Welthungerhilfe*[195] (auch hier ist der Name Programm), *Ärzte ohne Grenzen*[196] (betreibt medizinische Nothilfe in Krisengebieten der Welt).

Da der Finanzkapitalismus/die Finanzwirtschaft recht komplex und vielschichtig ist – was absolut nichts an dem bisher Gesagten relativiert! –, kann man sich z.B. auf der Website der *Bürgerbewegung Finanzwende* über einige diesbezügliche Themen informieren. Auch empfehlenswert in diesem Zusammenhang sind die Informationen der *Finanztip*-Redaktion[197]. Auch freuen sich Unternehmer, Politiker, und alle anderen vorstehend Genannten auf an sie in persönlichen Anschreiben gerichtete Fragen zu den Themen, um die es hier geht: Achtung der Menschenrechte, z.B. in den gesamten Lieferketten der Unternehmen, Armut, Hunger und Krankheiten, in den Ländern, in denen Unternehmen investieren, eingesparte Kosten aus dem preiswerten Bezug von Rohstoffen und der günstigen Entsorgung von Abfällen und Ähnliches mehr ...

Politische Arbeit zur Stärkung der Demokratie kann heute traditionell durch Mitwirken in einer demokratischen Partei vor Ort oder auch über Auftritte in sozialen Netzwerken und im Internet erfolgen. Zu Letzteren macht die Website www.savesocial.eu ein paar brauchbare Vorschläge. Und wer eher persönliche Kontakte bevorzugt, der ist vielleicht in einer Partei richtig, natürlich nur dann, wenn diese sich auch für eine antikapitalistische Perspektive starkmacht. Und da sieht es in unserem Land eher düster aus. Dennoch, in der Kombination aus demokratischem und sozialem Anspruch in Verbindung mit echtem ökonomischen Interesse kommt für ein politisches Engagement nur eine Partei in Deutschland als Kompromiss infrage: *Die Linke*[198]. Sicher, man müsste ihr noch ein wenig nach »links« aufhelfen, ihr (erneut) ein antikapitalistisches Programm angedeihen lassen, aber das machte einen Einstieg bei ihr ja erst spannend.

Man kann - in Steigerung der vorangehenden Vorschläge – auch Aktivitäten im Rahmen des »zivilen Ungehorsams« in Betracht ziehen. Hier kann ich allerdings nicht zu weit ins Detail gehen (der Staatsanwalt ...), möchte nur darauf hinweisen, dass alle Aktivitäten dieser Aktionsform, wie alle anderen auch, streng gewaltlos sein müssen.

Zum Schluss sei noch gesagt: Die Überwindung des Kapitalismus, so lebensnotwendig sie ist, stellt ein Mammutprojekt aus mindestens zwei Gründen dar. Erstens sind alternative Modelle zum gefräßigen Kapitalismus schwer zu definieren. Denn sie müssen nicht nur logisch gut durchdacht sein – gegebenenfalls aufbauend auf den Bausteinen aus Kapitel 7, sondern vor allem so positiv konnotiert sein, dass sie für eine Mehrheit der Menschen attraktiv sind. Dies kann sicher durch entsprechend angenehm klingende Begriffe erleichtert werden, wie von Alberto Acosta und Ulrich Brand in ihrem Buch »Radikale Alternativen«[199] vorgeschlagen (z.B. »das gute Leben«), verlangt aber insgesamt noch viel mehr: internationale Zusammenarbeit und leider offenbar auch eine zunehmende Verschlechterung der Weltverhältnisse, wie ansatzweise in Kapitel 8 beschrieben. Denn eine große Zahl an Menschen, auch nicht nur in den Ländern des Nordens, können sich heute noch kein alternatives Leben vorstellen als das, das sie gegenwärtig führen. Ohne Zweifel – und ohne jeglichen Zynismus! – werden Klimakrisen und Verschlechterungen der Lebensbedingungen in Zukunft dafür sorgen, dass die Zahl der Menschen, die nach Alternativen suchen, wachsen wird.

Zweitens geht es nicht nur darum, Menschen zu überzeugen, die sich eine Alternative zum Kapitalismus bzw. eine andere Lebensform nur schwer vorstellen können, sondern vor allem darum, den aktiven Widerstand einer großen Gruppe von Menschen zu brechen, die vom Kapitalismus profitieren oder zu profitieren glauben. Hier sind die »Kapitalisten« natürlich vertreten, aber eben auch ganz durchschnittliche Bürger:innen, für die sich »ihr Auto, ihr Haus, ihre Segeljacht« als sinngebendes Lebensziel fest in ihrem mentalen und emotionalen Horizont eingebrannt hat. Die »Umprogrammierung« dieses Lebensziels – auf argumentativem und demokratischhumanistischem Weg – ist *die* Herkulesaufgabe für morgen. Aber es hilft nichts: Ohne eine alternative Lebens- und Gesellschaftsform werden wir das Leben auf diesem Planeten nicht als lebenswert erhalten können. Und einen anderen Planeten haben wir nicht, nur Elon Musk träumt von Mars und Weltraum, wohin er vielleicht eines Tages entschwinden wird. Wir wünschen schon jetzt gute Reise.

Menschen sind endlich, aber ihre Kreativität und Fantasie sind praktisch unendlich. Und auch Hoffnung und Zuversicht scheinen sich als persistente menschliche Eigenschaften zu erweisen. Damit kann es gelingen, eine sich mehr als untaugliche Gesellschaftsform zu überwinden. Packen wir es gemeinsam an!

> *»Wenn die Not am höchsten, ist die Rettung am nächsten.«*
>
> *Bertold Brecht, Dreigroschenoper*
>
> *[Zusatz C.C.: ... und diese Rettung sind wir!]*

Anmerkungen

1 »Katharina Blum« von Heinrich Böll.

2 Die Philosophin Eva von Redecker im Interview mit Verena Gosch, Norddeutscher Rundfunk, am 7.12.2024, https://www.ndr.de/kultur/Destroy-Kapitalismus-Eva-von-Redecker-ueber-Zeitgeist,vonredecker102.html.

3 Fraser, N., Der Allesfresser. Wie der Kapitalismus seine eigenen Grundlagen verschlingt, Berlin 2023.

4 https://www.welthungerhilfe.de/

5 https://www.oxfam.de/system/files/documents/oxfam-factsheet-davos-2025-milliardaersmacht-beschraenken-demokratie-schuetzen.pdf.

6 Das reichste Prozent der Weltbevölkerung verfügt über annähernd so viel Vermögen wie der Rest. Vgl. Schürz, Martin, Überreichtum 8.

7 »Das Top-Tausendstel der Hochvermögenden (7,7 Millionen Menschen) übertrifft mit einem Anteil von über sieben Prozent aller CO_2-Emissionen [...] den globalen Durchschnitt um das 70fache.« Neckel, Sighard, Zerstörerischer Reichtum. Wie eine globale Verschmutzerelite das Klima ruiniert, in: Blätter für deutsche und internationale Politik 4'23, Berlin 2023, 49.

8 Fraser, N., Der Allesfresser 134.

9 Die Deregulierung in den 1970er Jahren umfasste u.a. die Aufgabe fester Wechselkurse zwischen vielen Ländern und die Beseitigung von Kontrollen im internationalen Kapitalverkehr. 1986 (in Großbritannien) und 1999 (in den USA) wurden Zulassungsbeschränkungen für Börsengeschäfte aufgehoben; Banken konnten gleichzeitig Kredit- und Wertpapiergeschäfte betreiben. Im Jahr

2001 erlaubte die US-Börsenaufsicht schließlich den computergesteuerten Hochgeschwindigkeitshandel mit Wertpapieren.

10 Sperber, H./Bloß, M., Finanzmärkte 16.

11 Deutscher Bundestag, wissenschaftliche Dienste, zu den Begriffen Finanz- und Realwirtschaft, Dokumentation WD 5 – 3000 – 003/20.

12 https://www.tagesschau.de/wirtschaft/konjunktur/bundesregierung-tankrabatt-spritpreise-101.html.

13 Schneider, Ulrich, Armut auf Rekordhoch: Helft denen, die es wirklich brauchen! In: Blätter für deutsche und internationale Politik 4'23, Berlin 2023 41.

14 George Monbiot 2015, hier zitiert nach: Jackson, T., Wohlstand ohne Wachstum 137.

15 Piketty, T., Das Kapital im 21. Jahrhundert 53.

16 Reemtma, Carla, hier zitiert nach: Brand, U./Wissen, M., Kapitalismus am Limit, Zitate im Vorspann.

17 Der indische Klima-Aktivist Soumitra Ghosh im Oxfam-Interview am 14.2.2019, https://www.oxfam.de/blog/klimakrise-folge-kapitalismus.

18 Lesch, Harald, Das Klima: Stand der Dinge, Vortrag an der Universität Stuttgart am 11.12.2024, Link zum Video: https://www.youtube.com/watch?v=xWWXD_NKpHs.

19 Der neue Kosmos Welt-Almanach & Atlas 2025, Stuttgart 2024, 52.

20 Schmitt, Stefan, Das ist der Gipfel, Zeit Nr. 52 vom 4.12.2024.

21 https://www.spiegel.de/wissenschaft/mensch/fossile-energien-klimazerstoerung-und-ueppige-gewinne-a-9cd73a42-d6f1-4218-b764-174d5807fa1b.

22 https://de.wikipedia.org/wiki/Mineral%C3%B6lunternehmen.

23 https://www.spiegel.de/wissenschaft/kalifornien-verklagt-weltgroesste-oelfirmen-wegen-klimawandels-a-aaf40f40-f151-475a-9cc0-0af954b48fbf.

24 https://www.spiegel.de/wirtschaft/unternehmen/plastikmu-ell-kalifornien-verklagt-exxonmobil-wegen-angeblicher-taeu-schungskampagne-a-772a7636-c6cd-44b0-8e70-70d480faad14.

25 https://www.greenpeace.de/klimaschutz/energiewende/oelausstieg/oelkatastrophen-weltweit und https://de.wikipe-dia.org/wiki/Liste_bedeutender_%C3%96lunf%C3%A4lle.

26 https://de.wikipedia.org/wiki/CO2-Preis#Implemen-tierte_Preissysteme.

27 https://climate.copernicus.eu/global-climate-highlights-2024.

28 https://www.scinexx.de/news/geowissen/erwaermung-drei-grad-schon-in-20-bis-30-jahren/.

29 Spiegel-Online 10.7.2023 18:48.

30 Der Klimaphysiker Jacob Schewe in der Süddeutschen Zeitung am 7.1.2025.

31 https://www.ise.fraunhofer.de/de/presse-und-medien/press-einformationen/2025/oeffentliche-stromerzeugung-2024-deut-scher-strommix-so-sauber-wie-nie.html; ausführliche Datenpräsen-tation: https://www.energy-charts.info/downloads/Stromerzeu-gung_2024.pdf.

32 https://www.scinexx.de/news/geowissen/ozeane-sind-heis-ser-als-je-zuvor-gemessen/.

33 Busse, T./Grefe, C., Der Grund 49.

34 Busse, T./Grefe, C., Der Grund 15.

35 https://www.mdr.de/nachrichten/sachsen-anhalt/magde-burg/magdeburg/intel-baustelle-zufahrt-gewerbepark-104.html und https://www.tagesschau.de/wirtschaft/unternehmen/intel-magdeburg-110.html.

36 Busse, T./Grefe, C., Der Grund 53.

37 https://www.thuenen.de/de/newsroom/presse/aktuelle-pressemitteilungen/detailansicht/aelter-vielfaeltiger-weniger-spei-cher-so-steht-es-um-deutschlands-waelder.

38 Quelle: eigene Recherche, 26.12.2024.

39 Busse, T./Grefe, C., Der Grund 63.

40 https://www.tagesschau.de/wissen/klima/weltnaturkonfe-renz-cop16-abschluss-102.html.

41 ARD-Mediathek, Das Klima und die Reichen, Sendung Pano-rama, 12.1.2023.

42 Süddeutsche Zeitung vom 13.2.2025 mit Bezug auf eine Infor-mation der Organisation Germanwatch.

43 »Klima-Kippelemente sind wichtige, großskalige Bestandteile des Erdsystems, die ein Schwellenverhalten aufweisen. Bei zuneh-mender globaler Erwärmung bleiben sie zunächst im Wesentlichen stabil, aber können dann ab einem bestimmten Schwellenwert bereits durch kleine zusätzliche Störungen in einen qualitativ neuen Zustand versetzt werden: sie „kippen".« https://www.pik-pots-dam.de/de/produkte/infothek/kippelemente/kippelemente.

44 Die Zeit, 31.12.2024.

45 https://www.scinexx.de/news/geowissen/nordpol-erster-eis-freier-tag-schon-vor-2030/.

46 https://www.janspille.de/engagement/konventionelles-gold/.

47 https://www.scinexx.de/news/geowissen/ausstoss-von-sta-erkstem-treibhausgas-hoeher-als-gedacht/.

48 https://www.brot-fuer-die-welt.de/fileadmin/media-pool/2_Downloads/Fachinformationen/Analyse/Analy-se_49_Wasserreport.pdf.

49 Zustandsbericht des Bundesministeriums für Umwelt, Natur-schutz, nukleare Sicherheit und Verbraucherschutz entsprechend der EU-Wasserrahmenrichtlinie (WRRL), https://www.bmuv.de/wasserstrategie.

50 https://albert-schweitzer-stiftung.de/themen/umwelt/wasser-verbrauch-ernaehrung. Die Angabe bezieht auf den »virtuellen« Wasserverbrauch. Dieser entsteht im Wesentlichen bei der Herstel-lung der Nahrungsmittel im Herstellerland.

51 https://www.wir-leben-nachhaltig.at/durstige-kleidung-so-viel-wasser-braucht-mein-t-shirt/.

52 Busse, T./Grefe, C., Der Grund 26.

53 https://www.greenpeace.de/biodiversitaet/waelder/waelder-erde/ikea-kahlschlag-urwald-nachhaltigkeit.

54 Busse, T./Grefe, C., Der Grund 66.

55 https://www.nationalgeographic.de/umwelt/2025/01/mikro-plastik-wie-gefaehrlich-ist-reifenabrieb?utm_source=firefox-new-tab-de-de.

56 Busse, T./Grefe, C., Der Grund 51.

57 Busse, T./Grefe, C., Der Grund 50.

58 Der Soziologe Ingolfur Blühdorn in der Frankfurter Allgemeinen Zeitung am 30.7.2024.

59 https://www.mdr.de/nachrichten/sachsen-anhalt/magde-burg/magdeburg/zuschuesse-intel-gesichert-ampel-102.html.

60 Titel eines Artikels von Francis Fukuyama aus dem Jahr 1989 und ein Buch mit diesem Titel (»The End of History and the Last Man«) aus dem Jahr 1992, in dem er die These vertrat, dass nach dem Zusammenbruch der Sowjetunion und ihrer Satellitenstaaten sich die Prinzipien von Liberalismus, Marktwirtschaft und Demokratie endgültig durchsetzen werden.

61 Kara, Siddharth, Blutrotes Kobalt. Der Kongo und die brutale Realität hinter unserem Konsum, Hamburg 2024.

62 https://de.statista.com/statistik/daten/studie/162320/um-frage/die-reichsten-deutschen/.

63 https://www.bpb.de/kurz-knapp/zahlen-und-fakten/soziale-situation-in-deutschland/61781/vermoegensverteilung.

64 https://www.destatis.de/DE/Themen/Gesellschaft-Umwelt/Einkommen-Konsum-Lebensbedingungen/Lebensbedingungen-Armutsgefaehrdung/_inhalt.html.

65 Süddeutsche Zeitung, 8./9.2.2025.

66 @boardroom/Instagram mit Verweis auf @forbes/Instagram von Januar 2025.

67 https://www.tagesschau.de/ausland/europa/studie-autokra-tie-100.html.

68 Lessenich, S., Neben uns die Sintflut 181f.

69 https://taz.de/Kobaltabbau-in-der-DR-Kongo/!6016790/.

70 https://www.heks.ch/glencore.

71 https://www.deutsche-rohstoffagentur.de/DE/Gemeinsames/ Produkte/Downloads/Commodity_Top_News/ Rohstoffwirtschaft/65_smartphones.pdf?__blob=publicationFile&v =4.

72 Crawford, K., Atlas der KI 38.

73 Heidenreich, Felix, Demokratie im Klimawandel – Neue Cleavages, neue Konfliktformen?, in: Zwischen Wachstum und Verzicht. (Wie) Kann grüne Transformation gelingen? Zeitschrift für Gemeinschaftskunde, Geschichte und Wirtschaft, 88-2024, 25.

74 Lessenich, S., Neben uns die Sintflut 80.

75 Busse, T./Grefe, C., Der Grund 166.

76 Ebd.

77 https://de.wikipedia.org/wiki/Palm%C3%B6l.

78 Paasch, Armin/Ramos Görne, Madalena, EU-Mercosur-Abkommen: Handelspolitik im Retroformat, in: Blätter für deutsche und internationale Politik 4'23, Berlin 2023, 34.

79 https://www.deutschlandfunk.de/landgrabbing-in-sierra-leone-schweizer-unternehmen-in-der-100.html.

80 https://www.boell.de/sites/default/files/2024-01/bodenat-las_2024.pdf, Landgrabbing. Die Jagd auf Böden.

81 Lessenich, S., Neben uns die Sintflut 187.

82 https://www.sueddeutsche.de/kultur/erdoel-wie-ein-ganzer-kontinent-seiner-rohstoffe-beraubt-wird-1.3265320.

83 Lessenich, S., Neben uns die Sintflut 89.

84 Saito, K., Systemsturz 23.

85 https://www.henleyglobal.com/passport-index/ranking.

86 Lessenich, S., Neben uns die Sintflut 81.

87 https://de.wikipedia.org/wiki/Union_Carbide.

88 Kleine Anfrage der Abgeordneten der Gruppe Die Linke im Deutschen Bundestag vom 21.11.2024, Bundestag Drucksache 20/13872.

89 https://aktion.oxfam.de/kaffee-aus-brasilien.

90 https://www.brot-fuer-die-welt.de/fileadmin/media-pool/2_Downloads/Fachinformationen/Analyse/Analyse_49_Wasserreport.pdf.

91 https://www.wwf.de/themen-projekte/projektregionen/amazonien/der-amazonas-vor-dem-kollaps.

92 Busse, T./Grefe, C., Der Grund 161.

93 Busse, T./Grefe, C., Der Grund 170.

94 Brand, U./Wissen, M., Imperiale Lebensweise 100.

95 https://www.aerzte-ohne-grenzen.de/unsere-arbeit/krankheiten/noma.

96 https://www.dw.com/de/blutmineralien-was-die-klage-der-dr-kongo-gegen-apple-bedeutet/a-71111623.

97 Hudson, M., Der Sektor 54; Kapitelüberschrift.

98 Lessenich, S., Neben uns die Sintflut 52.

99 Sahr, A., Keystroke-Kapitalismus 92.

100 https://www.researchgate.net/publication/239585832_Geld_als_Mittel_zum_SelbstZweck, Autor: Stephan Schulmeister.

101 Sahr, A., Keystroke-Kapitalismus 109f.; das innere Zitat von: Turner, Adair, Between Dept and Devil 71, übersetzt von A. Sahr.

102 Sahr, A., Keystroke-Kapitalismus 128.

103 Piketty, T., Das Kapital im 21. Jahrhundert.

104 Ein Leerverkäufer spekuliert auf einen fallenden Aktienkurs. Dazu leiht er sich Aktien, verkauft sie und kann sie dann, nachdem der Kurs gefallen ist, günstiger erwerben und an den Verleiher zurückgeben.

105 »Seit dem Frühjahr 2007 ließ sich auf dem US-Markt für Hypothekenkredite mit geringer Bonität (Subprime) ein drastischer Anstieg von Zahlungsausfällen beobachten, der in der Folgezeit zu erheblichen Neubewertungen von Krediten, Auflösungen von Kreditportefeuilles, Notfinanzierungen von Spezialinstituten bis hin zum Zusammenbruch von Finanzinstituten führte. Da die Refinanzierung der US-Hypothekenkredite auf den internationalen Finanzmärkten in Form von Kreditverbriefungen stattfand, erreichte die

Subprime-Krise ab Mitte 2007 auch die Finanzmärkte anderer Industrieländer und löste in der Folgezeit eine weltweite Finanz-krise und Konjunkturkrise aus.« Quelle: https://wirtschaftslexi-kon.gabler.de/definition/subprime-krise-51706.

106 Jackson, T., Wohlstand ohne Wachstum 62.

107 https://www.geo.de/wissen/forschung-und-technik/jason-w--moore---wir-leben-im-kapitalozaen--30793060.html.

108 Bangstad, Sindre u.a., Thoughts on the Planetary. An Interview with Achille Mbembé, New Frame, 5.9.2019, https://www.newfra-me.com/thoughts-on-the-planetary-an-interview-with-achille-mbembe/, hier zitiert nach: Crawford, K., Atlas der KI 245.

109 »Das Statistische Bundesamt definiert Drittmittel als »Mittel, die zur Förderung von Forschung und Entwicklung sowie des wissenschaftlichen Nachwuchses und der Lehre zusätzlich zum regulären Hochschulhaushalt (Grundausstattung) von öffentlichen oder privaten Stellen eingeworben werden«. Es handelt sich also um Gelder, die Forscherinnen und Forschern beziehungsweise der Hochschule oder Forschungseinrichtung zusätzlich zu laufenden Haushalts-und Investitionsmitteln aus dem Hochschuletat von drit-ter Seite zur Verfügung gestellt werden. Geldgeber können dabei zum Beispiel Unternehmen aus der Privatwirtschaft sein [...].« Quelle: https://www.academics.de/ratgeber/drittmittel-ein-werben.

110 Süddeutsche Zeitung von 1./2.2.2025.

111 Saito, K., Systemsturz 89.

112 Busse, T./Grefe, C., Der Grund 124.

113 https://www.oxfam.de/system/files/documents/oxfam-factsheet-davos-2025-milliardaersmacht-beschraenken-demokratie-schuetzen.pdf.

114 https://deutsche-wirtschafts-nachrichten.de/711262/family-offices-boomen-vermoegen-der-superreichen-wird-sich-bis-2030-fast-verdoppeln.

115 Binder, A., Das Vermächtnis des Dollar-Öl-Standards 178.

116 Weidner, S., Jenseits des Westens 38.

117 Der neue Kosmos Welt-Almanach und Atlas 2025.

118 https://www.wirtschaftsdienst.eu/inhalt/
jahr/2023/heft/1/beitrag/polykrise-als-gefangenendilemma.html.

119 Antwort der Bundesregierung vom 4.2.205 auf eine Anfrage der Gruppe Die Linke im Bundestag, Bundestag Drucksache 20/14576.

120 https://www.tagesschau.de/investigativ/br-recherche/cum-cum-deals-bafin-100.html.

121 https://www.tsi-kompakt.de/2025/01/taskforce-verbrie-fungen-kleine-anfrage-an-die-bundesregierung/.

122 Süddeutsche Zeitung vom 11.1.2025.

123 Horkheimer, M./Adorno, T. W., Dialektik der Aufklärung 129.

124 Beckert, J., Verkaufte Zukunft 46.

125 Süddeutsche Zeitung vom 12.2.2025.

126 Ebd.

127 Süddeutsche Zeitung vom 14.2.2025.

128 Stöcker, Christian, Männer, die die Welt verbrennen. Der entscheidende Kampf um die Zukunft der Menschheit, Berlin 2024.

129 https://www.tagesschau.de/wissen/klima/co2-kohlendioxid-co2-entnahme-100.html.

130 Beckert, J., Verkaufte Zukunft 164.

131 https://wiki.bildungsserver.de/klimawandel/index.php/Klimaentwicklung_nach_Netto-Null.

132 https://www.wiwo.de/politik/ausland/co2-ausstoss-deutschland-und-weltweit-der-vergleich-diese-laender-stossen-am-meisten-co2-aus/29263872.html.

133 https://www.enviam-gruppe.de/energiezukunft-ostdeutschland/verbrauch-und-effizienz/stromverbrauch-ki.

134 Ebd.

135 Süddeutsche Zeitung vom 5.12.2024.

136 Brand, U./Wissen, M., Kapitalismus am Limit 150.

137 https://de.statista.com/statistik/daten/studie/1074324/umfrage/zusammensetzung-der-co2-emissionen-bei-der-herstellung-von-e-autobatterien/.

138   Wissenschaftliche Dienste des Deutschen Bundestags, Dokumentation, kritische Rohstoffe aus Afrika für die Energiewende in Deutschland, WD 5 - 3000 – 091/23.

139 Herrmann, U., Das Ende des Kapitalismus, zitiert nach: Brand, U./Wissen M., Kapitalismus am Limit 149.

140   Der kandadische Historiker Quinn Slobodian beschreibt in seinem Buch »Kapitalismus ohne Demokratie. Wie Marktradikale die Welt in Mikronationen, Privatstädte und Steueroasen zerlegen wollen« eine Fülle von solchen »Mikronationen« und »Privatstädten« sowie die Ansätze, die Investoren verfolgen, um allen staatlichen Einschränkungen zu entgehen.

141 Lessenich, S., Neben uns die Sintflut 128.

142 Saito, K., Systemsturz 9.

143 https://www.derstandard.de/story/2000132608301/der-co2-fussabdruck-wurde-von-oelkonzernen-grossgemacht-ist-er-des-halb.

144 Beckert, J., Verkaufte Zukunft 130.

145   Quelle für beide Zahlen: Der neue Kosmos Welt-Almanach & Atlas 2025.

146 https://www.kba.de/DE/Statistik/Fahrzeuge/Bestand/Jahrebilanz_Bestand/fz_b_jahresbilanz_node.html.

147 https://ag-energiebilanzen.de/wp-content/uploads/2024/10/Praesentation-en2x-Q1-Q4_2024.pdf.

148 https://www.nationalgeographic.de/umwelt/2025/01/mikroplastik-wie-gefaehrlich-ist-reifenabrieb?utm_source=firefox-newtab-de-de.

149 https://de.statista.com/statistik/daten/studie/39010/umfrage/bestand-der-einfamilienhaeuser-in-deutschland-seit-2000/.

150 Süddeutsche Zeitung vom 24.12.2024.

151 Busse, T./Grefe, C., Der Grund 153.

152 https://www.ibau.de/akademie/wissenswertes/beton-der-baustoff-von-gestern/.

153 https://de.statista.com/statistik/daten/studie/264965/umfrage/besitz-einer-segelyacht-segeljolle-in-deutschland/.

154 Brand, U. / Wissen, M., Imperiale Lebensweise 129.

155 https://de.statista.com/statistik/daten/studie/1262759/umfrage/umfrage-zum-wunsch-nach-wohneigentum/.

156 https://baukultur.nrw/artikel/zukunft-fur-einfamilienhausgebiete/.

157 Süddeutsche Zeitung vom 7.2.2025.

158 Einstein, Albert, Why Socialism? Monthly Review, Vol. 1, No. 1, 1.5.1949. Das Original-Zitat lautet: »I am convinced there is only *one* way to eliminate these grave evils, namely through the establishment of a socialist economy, accompanied by an educational system which would be oriented toward social goals.«

159 Luxemburg, Rosa, Die Krise der Sozialdemokratie, Zürich 1916.

160 Saito, K., Systemsturz 44.

161 https://www.boell.de/de/2022/02/10/corona-pandemie-impfstoffverteilung-und-globale-gerechtigkeit-eine-zwischenbilanz.

162 Herrmann, U., Das Ende des Kapitalismus.

163 Weidner, S., Jenseits des Westens 67.

164 https://de.wikipedia.org/wiki/Vollgeld-System.

165 Saito, K., Systemsturz 233f.

166 Wagner, K. / Hauer, M. / Neuhauss, M., Klima und Kapitalismus 167 ff.

167 Saito, K., Systemsturz 224f.

168 Ebd. 226f.

169 Ebd. 230f.

170 Ebd. 235f.

171 https://internationalepolitik.de/de/die-schuld-der-gläubiger-warum-der-süden-dauerhaft-der-kreide-steht.

172 Douglass, Frederick, West India Emancipation. Vortrag, gehalten in Canandaigua, N.Y., 4.8.1857,https://rbscp.lib.rochester.edu/4398, hier zitiert nach: Crawford, K., Atlas der KI 163. Douglass, Frederick, West India Emancipation. Vortrag, gehalten in Canandaigua, N.Y., 4.8.1857,https://rbscp.lib.rochester.edu/4398, hier zitiert nach: Crawford, K., Atlas der KI 163.

173 Süddeutsche Zeitung vom 17.2.2025.

174 https://www.spiegel.de/wissenschaft/donald-trump-wissenschaft-in-den-usa-unter-druck-durch-einschuechterung-und-zensur-a-4882e81b-6400-4670-8bab-5beaf3ebecf5.

175 https://www.nzz.ch/feuilleton/das-kennedy-center-in-washington-kommt-unter-trumps-kontrolle-ld.1871132.

176 https://de.wikipedia.org/wiki/Trickle-down-%C3%96konomie.

177 https://de.wikipedia.org/wiki/Trickle-down-%C3%96konomie#Kritik.

178 Süddeutsche Zeitung vom 17.2.2025.

179 Ebd.

180 https://www.freitag.de/autoren/sham-jaff/jugend-macht-revolution-wie-die-gen-z-im-globalen-sueden-den-aufstand-probt.

181 https://www.zdf.de/nachrichten/politik/ausland/afrika-sudan-niger-putsch-100.html.

182 https://www.freitag.de/autoren/sham-jaff/jugend-macht-revolution-wie-die-gen-z-im-globalen-sueden-den-aufstand-probt.

183 Süddeutsche Zeitung vom 17.2.2025.

184 Georgos Katrougalos, ehemals stellvertretender Minister für Verwaltungsreform und Arbeitsminister in der Syriza-Regierung in Griechenland, hier zitiert nach Hudson, M., Der Sektor 366.

185 https://www.greenpeace.de/.

186 https://www.wwf.de/.

187 https://fridaysforfuture.de/.

188 https://letztegeneration.org/.

189 https://www.duh.de/.

190 https://www.oxfam.de/.

191 https://www.finanzwende.de/.

192 https://www.hrw.org/de.

193 https://www.institut-fuer-menschenrechte.de/.

194 https://www.amnesty.de/.

195 https://www.welthungerhilfe.de/.

196 https://www.aerzte-ohne-grenzen.de/.

197 https://www.finanztip.de/.

198 https://www.die-linke.de.

199 Acosta, A., Brand, U., Radikale Alternativen, München 2018.

Literatur

Acosta, Alberto / Brand, Ulrich, *Radikale Alternativen*. Warum man den Kapitalismus nur mit vereinten Kräften überwinden kann, München 2018

Akbarian, Samira, *Recht brechen*. Eine Theorie des zivilen Ungehorsams, München 2024

Assmann, Aleida / Assman, Jan, *Gemeinsinn*. Der sechste, soziale Sinn, München 2024

Beckert, Jens, *Verkaufte Zukunft*. Warum der Kampf gegen den Klimawandel zu scheitern droht, Berlin 2024

Binder, Andrea, *Das Vermächtnis des Dollar-Öl-Standards*. Die internationale Geldordnung zwischen staatlicher und privater Macht, in: Sahr, A., Geldpolitik im Umbruch, S. 171-193

-, *Offshore Finance and State Power*, Oxford / UK 2023

Blühdorn, Ingolfur, *Unhaltbarkeit*. Auf dem Weg in eine andere Moderne, Berlin 2024

Bösch, Martin, *Globalisierung und internationales Finanzmanagement*. Umfeld, Investition, Finanzierung und Risikomanagement, Stuttgart 2019

Brand, Ulrich / Wissen, Markus, *Kapitalismus am Limit*. Öko-imperiale Spannungen, umkämpfte Krisenpolitik und solidarische Perspektiven, München 2024

–, *Imperiale Lebensweise*. Zur Ausbeutung von Mensch und Natur im globalen Kapitalismus, 3. Aufl., München 2017

Busse, Tanja / Grefe, Christiane, *Der Grund*. Die neuen Konflikte um unsere Böden – und wie sie gelöst werden können, München 2024

Crawford, Kate, *Atlas der KI*. Die materielle Wahrheit hinter den neuen Datenimperien, München 2024

Dachwitz, Ingo / Hilbig, Sven, *Digitaler Kolonialismus*. Wie Tech-Konzerne und Großmächte die Welt unter sich aufteilen, München 2025

Fraser, Nancy, *Der Allesfresser*. Wie der Kapitalismus seine eigenen Grundlagen verschlingt, Berlin 2023

Gabriel, Markus, *Moralischer Fortschritt in dunklen Zeiten*. Universale Werte für das 21. Jahrhundert, 3. Aufl., Berlin 2020

Gesang, Bernward, *Mit kühlem Kopf.* Über den Nutzen der Philosophie für die Klimadebatte, München 2020

Grebenjak, Manuel (Hrsg.), *Kipppunkte.* Strategien im Ökosystem der Klimabewegung, Münster 2024

Habermas, Jürgen, *Ein neuer Strukturwandel der Öffentlichkeit und die deliberative Politik*, Berlin 2022

Herrmann, Ulrike, *Das Ende des Kapitalismus.* Warum Wachstum und Klimaschutz nicht vereinbar sind – und wie wir in Zukunft leben werden, Köln 2022

Hickel, Jason, *Weniger ist mehr.* Warum der Kapitalismus den Planeten zerstört und wir ohne Wachstum glücklicher sind, München 2023

Holzinger, Hans, *Wirtschaftswende.* Transformationsansätze und neue ökonomische Konzepte im Vergleich, München 2024

Horkheimer, Max / Adorno, Theodor W., *Dialektik der Aufklärung.* Philosophische Fragmente, 26. Aufl., Frankfurt am Main 2022

Hudson, Michael, *Der Sektor.* Warum die globale Finanzwirtschaft uns zerstört, Stuttgart 2019

Jackson, Tim, *Wohlstand ohne Wachstum.* Grundlagen für eine zukunftsfähige Wirtschaft, München 2017

Kara, Siddharth, *Blutrotes Kobalt.* Der Kongo und die brutale Realität hinter unserem Konsum, Hamburg 2024

Klein, Sebastian, *Toxisch reich.* Warum extremer Reichtum unsere Demokratie gefährdet, München 2025

o.V., *Der neue Kosmos Welt-Almanach & Atlas 2025.* Daten - Fakten - Karten, Stuttgart 2024

Lessenich, Stephan, *Neben uns die Sintflut.* Die Externalisierungsgesellschaft und ihr Preis, akt. und überarb. TB-Ausgabe, München 2018

Nachtwey, Oliver, *Die Abstiegsgesellschaft.* Über das Aufbegehren in der regressiven Moderne, Berlin 2016

Piketty, Thomas, *Das Kapital im 21. Jahrhundert*, 5. Aufl., München 2022

Sahr, Aaron (Hrsg.), *Geldpolitik im Umbruch*, Bonn 2024

Sahr, Aaron, *Keystroke-Kapitalismus.* Ungleichheit auf Knopfdruck, Hamburg 2017

Saito, Kohei, *Systemsturz.* Der Sieg der Natur über den Kapitalismus, 3. Aufl., München 2023

Schmelzer, Matthias / Vetter, Andrea, *Degrowth/Post-wachstum zur Einführung*, Hamburg 2019

Schürz, Martin, *Überreichtum*, Sonderausgabe für die Bundeszentrale für politische Bildung, Bonn 2020

Slobodian, Quinn, *Kapitalismus ohne Demokratie*. Wie Marktradikale die Welt in Mikronationen, Privatstädte und Steueroasen zerlegen wollen, Sonderausgabe für die Bundeszentrale für politische Bildung, Bonn 2024

Sperber, Herbert / Bloss, Michael, *Finanzmärkte*. Eine praxisorientierte Einführung, Stuttgart 2024

Spremann, Klaus / Gantenbein, Pascal, *Finanzmärkte. Wertpapiere, Investitionen, Finanzierungen*, 6., vollst. überarb. Aufl., München 2022

Stöcker, Christian, *Männer, die die Welt verbrennen*. Der entscheidende Kampf um die Zukunft der Menschheit, Berlin 2024

Thiong'o, Ngũgĩ wa, *Afrika sichtbar machen!* Essays über Dekolonisierung und Globalisierung, Münster 2019

Wagner, Katja / Hauer, Maximilian / Neuhauss, Maria, *Klima und Kapitalismus*. Plädoyer für einen ökologischen Sozialismus, Stuttgart 2025

Weidner, Stefan, *Jenseits des Westens*. Für ein neues kosmopolitisches Denken, München 2018

Willaschek, Marcus, Kant. *Die Revolution des Denkens*, 2., durchges. Aufl., München 2024

Personalia

Karl weilt nun schon seit 142 Jahren nicht mehr unter uns, erscheint aber irgendwie immer noch quicklebendig ...